U0481932

两希文明哲学经典译丛

包利民 章雪富 主编

哲学规劝录·哲学的慰藉

[古罗马]扬布里柯 [古罗马]波爱修 著

詹文杰 朱东华 译

Philosophical Classics of Hellenistic-Roman Times

中国社会科学出版社

图书在版编目(CIP)数据

哲学规劝录/(古罗马)扬布里柯著;詹文杰译. 哲学的慰藉/(古罗马)波爱修著;朱东华译.—北京:中国社会科学出版社,2017.8(2023.9 重印)
(两希文明哲学经典译丛/包利民 章雪富主编)
ISBN 978-7-5161-8452-3

Ⅰ.①哲…②哲… Ⅱ.①扬…②波…③詹…④朱…
Ⅲ.新柏拉图主义—哲学思想 Ⅳ.B502.44

中国版本图书馆 CIP 数据核字(2016)第 150736 号

出 版 人　赵剑英
特约编辑　韩国茹
责任编辑　凌金良　陈　彪
责任校对　朱妍洁
责任印制　张雪娇

出　　版　中国社会科学出版社
社　　址　北京鼓楼西大街甲 158 号
邮　　编　100720
网　　址　http://www.csspw.cn
发 行 部　010-84083685
门 市 部　010-84029450
经　　销　新华书店及其他书店

印刷装订　环球东方(北京)印务有限公司
版　　次　2017 年 8 月第 1 版
印　　次　2023 年 9 月第 2 次印刷

开　　本　650×960　1/16
印　　张　16.5
插　　页　2
字　　数　230 千字
定　　价　49.00 元

2016 年再版序

我们对哲学的认识无论如何都与希腊存在着关联。如果说人类的学问某种程度上都始于哲学的探讨，那么也可以说，在某种程度上我们都是希腊的学徒。这当然不是说希腊文明比其他文明更具优越性和优先性，而只是说人类长时间以来都得益于哲学这种运思方式和求知之道，希腊人则为基于纯粹理性的求知方式奠定了基本典范，并且这种基于好奇的知识探索已经成为不同时代人们的主要存在方式。

希腊哲学的光荣主要是与苏格拉底、柏拉图和亚里士多德联系在一起。这套译丛则试图走得更远，让希腊哲学的光荣与更多的哲学家——伊壁鸠鲁、西塞罗、塞涅卡、爱比克泰德、斐洛、尼撒的格列高利、普卢克洛、波爱修、奥古斯丁等名字联系在一起。在编年史上，他们中的许多人已经是罗马人，有些人在信仰上已经是基督徒，但他们依然在某种程度上，或者说他们著作的主要部分仍然是在续写希腊哲学的光荣。他们把思辨的艰深诠释为生活的实践，把思想的力量转化为信仰的勇气，把城邦理念演绎为世界公民。他们扩展了希腊思想的可能，诠释着人类文明与希腊文明的关系。

这套丛书被冠以“两希文明哲学经典译丛”之名，还旨在显示希腊文明与希伯来文明的冲突相生。希腊化时期的希腊和罗马时代的希腊已经不再是城邦时代的希腊，文明的多元格局为哲学的运思和思想的道路提供了更广阔的视域，希腊化罗马时代的思想家致力于更具个体性、时间性、历史性和实践性的哲学探索，更倾心于在一个世俗的世界塑造一种盼望的降临，在一个国家的时代奠定一种世界公民的身份。在这个时代并且在后续的世代，哲学不再只是一个民族的事业，更是人类知识探索的始终志业；哲学家们在为古代哲学安魂的时候开启了现代世界的图景，在历史的延续中瞻望终末的来临，在两希文明的张力中看见人类更深更远的未来。

十年之后修订再版这套丛书，寄托更深！

是为序！

包利民　章雪富

2016 年 5 月

2004 年译丛总序

西方文明有一个别致的称呼，叫作“两希文明”。顾名思义，西方文明有两个根源，由两种具有相当张力的不同“亚文化”联合组成，一个是希腊—罗马文化，另一个是希伯来—基督教文化。国人在地球缩小、各大文明相遇的今天，日益生出了认识西方文明本质的浓厚兴趣。这种兴趣不再停在表层，不再满意于泛泛而论，而是渴望深入其根子，亲临其泉源，回溯其原典。

我们译介的哲学经典处于更为狭义意义上的“两希文明时代”——即这两大文明在历史上首次并列存在、相遇、互相叩问、相互交融的时代。这是一个跨度相当大的历史时代，大约涵括公元前 3 世纪到公元 5 世纪的八百年左右的时间。对于“两希”的每一方，这都是一个极具特色的时期，它们都第一次大规模地走出自己的原生地，影响别的文化。首先，这个时期史称“希腊化”时期；在亚历山大大帝东征的余威之下，希腊文化超出了自己的城邦地域，大规模地东渐教化。世界各地的好学青年纷纷负笈雅典，朝拜这一世界文化之都。另一方面，在这番辉煌之下，却又掩盖着别样的痛楚；古典的社会架构和思想的范式都在经历着剧变；城邦共和体系面临瓦解，曾经安于公民德性生活范式的人感到脚下不稳，感到精神无所归依。于是，“非主流”型的、非政治的、“纯粹的”哲学家纷纷兴起，企图为个体的心灵宁静寻找新的依据。希腊哲学的各条主要路线都在此时总结和集大成：普罗提诺汇总了柏拉图和亚里士多德路线，伊壁鸠鲁/卢克来修汇总了自然哲学路线，怀疑论汇总了整个希腊哲学中否定性的一面。同时，这些学派还开出了与古典哲学范式相当不同的，但是同样具有重要特色的新的哲学。有人称之为“伦理学取向”和“宗教取向”的哲学，我们称之为“哲学治疗”的哲学。这些标签都提示了：这是一个在剧变之下，人特别关心人自己的幸福、宁静、命运、个性、自由等的时代。一个时代应该有一个时代的哲学。那个时代的哲学会不会让处于类似时代中的今人感到更多的共鸣呢？

另一方面，东方的另一个“希”——希伯来文化——也在悄然兴起，逐渐向西方推进。犹太人在亚历山大里亚等城市定居经商，带去独特的文化。后来从犹太文化中分离出来的基督教文化更是日益向希腊—罗马文化的地域慢慢西移，以至于学者们争论这个时代究竟是希腊文化的东渐、还是东方宗教文化的西渐？希伯来—基督教文化与希腊文化是特质极为不同的两种文化，当它们最终遭遇之后，会出现极为有趣的相互试探、相互排斥、相互吸引，以致逐渐部分相融的种种景观。可想而知，这样的时期在历史上比较罕见。一旦出现，则场面壮观激烈，火花四溅，学人精神为之一振，纷纷激扬文字、评点对方，捍卫自己，从而两种文化传统突然出现鲜明的自我意识。从这样的时期的文本入手探究西方文明的特征，是否是一条难得的路径？

还有，从西方经典哲学的译介看，对于希腊—罗马和希伯来—基督教经典的译介，国内已经有不少学者做了可观的工作；但是，对于“两希文明交汇时期”经典的翻译，尚缺乏系统工程。这一时期在希腊哲学的三大阶段——前苏格拉底哲学、古典哲学、晚期哲学——中属于第三大阶段。第一阶段与第二阶段分别都已经有了较为系统的译介，但是第三阶段的译介还很不系统。浙江大学外国哲学研究所的两希哲学的研究与译介传统是严群先生和陈村富先生所开创的，长期以来一直追求沉潜严谨、专精深入的学风。我们这次的译丛就是集中选取希腊哲学第三阶段的所有著名哲学流派的著作：伊壁鸠鲁派、怀疑派、斯多亚派、新柏拉图主义、新共和主义（西塞罗、普鲁塔克）等，希望向学界提供一个尽量完整的图景。同时，由于这个时期哲学的共同关心聚焦在“幸福”和“心灵宁静”的追求上，我们的翻译也将侧重介绍伦理性—治疗性的哲学思想；我们相信哲人们对人生苦难和治疗的各种深刻反思会引起超出学术界的更为广泛的思考和关注。另一方面，这一时期在希伯来—基督教传统中属于“早期教父”阶段。犹太人与基督徒是怎么看待神与人、幸福与命运的？他们又是怎么看待希腊人的？耶路撒冷和雅典有什么干系？两种文明孰高孰低？两种哲学难道只有冲突，没有内在对话和融合的可能？后来的种种演变是否当时就已经露现了一些端倪？这些都是相当有意思的学术问题和相当急迫的现实问题（对于当时的社会和人）。为此，我们选取了奥古斯丁、斐洛和尼撒的格列高利等人的著作，这些大哲的特点是“跨时代人才”，他们不仅“学贯两希”，而且“身处两希”，体验到的张力真切而强烈；他们的思考必然有后来者所无法重复的特色和原创性，值得关注。

这些，就是我们译介“两希文明”哲学经典的宗旨。

另外，还需要说明两点：一是本丛书中各书的注释，凡特别注明“中译者注”的，为该书中译者所加，其余乃是对原文注释的翻译；二是本译丛属于教育部哲学社会科学创新基地浙江大学基督教与跨文化研究中心项目成果。我们希望以后能推出更多的翻译，以弥补这一时期思想经典译介之不足。

包利民　章雪富

2004 年 8 月

目　录

哲学的慰藉

哲学规劝录*

* [古罗马] 扬布里柯著，詹文杰译。

中译者前言

新柏拉图主义者扬布里柯（Iamblichus，约245—325）出生于叙利亚的卡尔基斯（Chalcis）。他曾经在罗马听过波菲利（Porphyry）和阿那托留（Anatolius）的讲课，后来（约于公元305年）回到叙利亚，在安条克（Antioch）附近的阿帕米亚（Apameia）创办学校，充当一位教师和宗教改革家，开创了新柏拉图主义的叙利亚学派。扬布里柯拥有来自各地的众多门徒，其中有一位埃德修（Aedesius）最为出色，此人是以弗所的马克希姆（Maximus）的老师，而马克希姆曾使朱利安皇帝（331—363年在位）皈依新柏拉图主义的秘仪宗教，鼓励这位皇帝在面对基督教挑战的情形下复兴传统宗教（paganism）。朱利安皇帝这样赞颂过扬布里柯："他在时代方面落后于柏拉图，但在天赋方面却不落后。"

当时东方的多数显贵家族都采用了希腊名字，但是扬布里柯保留了自己的闪族名字，这可能是出于对自己显贵祖辈的敬重（这些祖辈中包括了埃美萨［Emesa］的多个大祭司—国王），同时这也反映出扬布里柯对古代东方传统的依恋。扬布里柯详细地研究了毕达哥拉斯派和柏拉图的哲学，但是，他同时又是一个对东方神秘宗教和迷信很感兴趣的人，他对毕达哥拉斯派的重视很可能也是由于其中包含的神秘主义因素。他试图把传统希腊哲学中的理性讨论和古埃及、亚述、卡尔迪亚的宗教修行结合起来。

尽管扬布里柯在当时是一位受尊敬的教师，曾得到神圣教师的称号，但是，现代哲学家们对他的评价却不是很高。策勒（E. Zeller，也译为策勒尔）评论他“与其说是一位哲学家，远不如说是一位思辨的神学家”①。黑格尔也说：“在他（扬布里柯，引者注）那里，思想下降为想象力，心灵的宇宙下降为充满精灵和天使的国度，对精灵和天使加以分类，并且思辨也下降为魔法了。”② 的确，传统观点把扬布里柯看作古典希腊哲学之最终堕落的代表。尽管如此，最近也有一些学者对他做了肯定性的评价，认为他复活了公元前 4 世纪的柏拉图哲学，是柏拉图主义观念过渡到中世纪的一个重要环节。

扬布里柯的著述有很多，主要是对柏拉图、亚里士多德和毕达哥拉斯派著作的评注，此外还有对奥菲斯教派和占星学家著作的评注之类。这些著述多数已经遗失或只留下少许残篇，比较完整地流传下来的几种著作主要是关于毕达哥拉斯主义的阐述，其中有：①《毕达哥拉斯的生平》（*Peri tou Pythagorikou biou*）；②《哲学规劝录》（*Protreptikos epi philosophian*）；③《数学知识通论》（*Peri tes koines mathematikos epistemes*）；④《尼各马库〈数论入门〉评注》（*Peri tes Nikomachou arithmetikes eisagoge*）；⑤《数论的神学沉思》（*Ta theologoumena tes arithmetikes*）。除此之外，还有真伪待考的《论埃及人的秘法》（*Peri ton aigyption mysterion*）。

本书的希腊文标题是“*Protreptikos epi philosophian*”。从字面上看，*protreptikos* 表示“催促”或“规劝”，*philosophia* 也就是所谓“哲学”或“爱智之学”，介词 *epi* 表示“朝向”或“为了某某的缘故”，所以，整个标题的意思是“规劝人们趋向于哲学”或“为了哲学的缘故而做的劝说”，兹译作“哲学规劝录”。“录”有记录、抄录的意思，而本书的内容基本上可

---

① 策勒尔：《古希腊哲学史纲》，翁绍军译，山东人民出版社 1996 年版，第 325 页。

② 黑格尔：《哲学史讲演录》第三卷，贺麟、王太庆译，商务印书馆 1997 年版，第 207 页。

以被看作扬布里柯对毕达哥拉斯派和柏拉图某些学说的记录和发挥。

有些人对这本著作的评价不高，认为它没有包含多少创见，只是以特有的方式转述了毕达哥拉斯派和柏拉图的一些说法。这诚然是事实。然而，我们也不要太苛求，毕竟它只是扬布里柯关于“哲学入门”方面的著述，况且它对于我们而言仍然有启发意义。在我看来，这本书最有价值的地方在于，它可以激发我们重新思考“哲学”（*philosophia*）这个词的含义，让我们晓得“*philosophia*”和“*philosophein*”不仅是一门“学科”，而且是一种原发的思辨活动，甚至，它不仅是一种思辨活动，而且更是一种“生活方式”（*tropon tou biou*）。在这本书里我们还会看到，哲学的话语不仅可以表现为一般的说理和论证，而且可以表现为规劝和训诫；换言之，某种意义上哲学与宗教可以有相通的地方。值得注意的是，扬布里柯生活在希腊哲学传统日益受到基督教冲击的时代，当基督教使用“劝说”的策略吸引大众的心灵之时，哲学无疑也需要以“劝说”的方式为自己赢得“信徒”。

实际上，作为某种特定“生活方式”的哲学和作为“规劝”的哲学表达方式恰好是柏拉图的“真传”。柏拉图尤其在《欧绪德谟》（*Euthydemus*）和《克利托丰》（*Cleitophon*）中明确地谈论了“规劝性的论述”（*ho protreptikos logos*）[①]，他把真正的哲学规劝与智者的诡辩式争论区别开来，同时又认为“规劝”只是哲学教育的开始，而不是全部。柏拉图正是在这个意义上把哲学的修辞术说成“灵魂引导术”（*psychagogia*）。[②] 哲学活动在古代哲学家那里主要是一种“原生态的”灵魂教化活动。相比之下，今天在学科体制中的“哲学学科”显得苍白乏味了一些，而现代人引以为自豪的缜密论证和“客观立场”也常常使哲学趋于“无用”或“不起作用”。假如哲学活动内在蕴含着“说服”

① 参考柏拉图《欧绪德谟》282d6，278c5，278d2，307a2；《克利托丰》410d1，410d3。

② 参考柏拉图《斐德罗》261a8。

之目的，那么，“论证”诚然是有效果的而且常常是必要的，但是“说服”本身可以有很多样式：除了一般的证明和反驳之外，还可以伴随有警告、规劝、激励和感召之类。这就是“原生态”哲学的魅力所在。哲学或许不能像宗教那样公然地使用大量“祈使句”或“命令句”，但是，谁又能公然地断定哲学只能表现为“陈述句”呢？

言归正传。关于译文，这里有几点需要说明。首先，这个中文译本主要参考约翰逊（T. M. Johnson，1851—1919）的英译本（*The Exhortation to Philosophy*，Grand Rapids，MI：Phanes Press，1988），同时对照TLG（*Thesaurus Linguae Graecae*）电子版的古希腊原文进行了修订，一些重要的术语在脚注中给出了原文；章节划分依据英文本，章节名为中译者所拟。其次，附录的内容依照英文本收入的附录编排；值得注意的是，其中扬布里柯的几则残篇只是存留下来的全部残篇的一部分。英译本收入了普罗克洛的几段文字作为附录，我们在这里也予以保留；这几段文字涉及古代神谕，意思颇为费解，以致译者虽然参照了希腊原文，但译文所传达的意思仍属有限。最后，由于译者水平所限，译文中纰缪难免，敬请方家批评指正。

詹文杰

北京万寿兴隆寺，2008 年夏

第一章 总论哲学规劝及其方式

关于毕达哥拉斯本人以及跟他的学说相一致的生活方式，还有毕达哥拉斯派，我们在前一本书①中已经讨论得差不多了。现在，我们要解释毕达哥拉斯学说的其余部分。我们从下面这点开始，也就是他的学派所描述的关于一切教养、学识和美德的一般的预备性训练。这种训练不是局部的，不是使得一个人在某个特殊方面变得完善；而是从总体上来说，使一个人的热情或愿望②转向一切学问，一切知识③，生活中一切美好和高尚的实践，一切教养，简言之，也就是一切分有“美”④ 的东西。因为，如果没有通过“规劝”⑤ 带来一种唤醒，一个人在自然的冷漠状态下不可能突然献身于美好和高尚的事业；如果他的灵魂没有被规劝所启发，他也不可能立即领会最高层次和最完满的善。

正如灵魂必须逐步从低往高走，经历所有美好的事物，最后才能达到最完满的善，所以，规劝也应该从那些最普通的东西出发，并且逐步前进。这种规劝将激发人们追求哲学本身；根据各种思想体系，从总体上进行哲学探索⑥；不把任何学派置于优先地位，而是按照各种体系自身的价值肯定它们；并且，通过这样一种普通的和大众化的规劝方式，将哲学置于比单纯的人类事业更高的位置。在此之后，我们还要使用一种间接的规劝方法，它既不是全然大众化的，也不是毕达哥拉斯派的，但也不完全与这两种方法相背离。在这个间接的规劝过程中，我们将安

---

① 扬布里柯在这里指的是他的著作《毕达哥拉斯的生平》。

② prothumia.

③ episteme.

④ to kalon.

⑤ to protrepein.

⑥ to philosophein.

排一些所有哲学都共有的规劝方式，它不是从毕达哥拉斯派的教导中推演出来的，因而跟它有所区别；但是我们会附加上毕达哥拉斯派中最适当和最典型的观点，使得按照这种间接的谈话方式会出现一种毕达哥拉斯式的规劝。在此之后，我们有可能会离开外在的概念，转而去熟悉专属于毕达哥拉斯派的系统性的证明，就好像通过某种桥梁或阶梯，逐步从底端上升到顶端。最终，我们会阐明毕达哥拉斯派那些私密的规劝方式[①]；如果将它与其他思想体系进行比较，它在某种意义上会是离奇的和神秘的。

第二章 通过谚语来进行规劝

我们将从那些最基本的东西出发。这些东西对于所有人都是浅显明了的。它们虽然未能领会美德的能力和本质，但是按照关于美德的一般观念，它们通过某些广为人知的谚语唤起了我们对善的向往。这些谚语把现实中的一些明显的东西拿来作为范例。它们是这样表达的：

1. 正如通过眼睛来进行观看，我们通过灵魂来进行生活；正如通过眼睛的美德而看得好（清晰），我们通过灵魂的美德而生活得好（幸福）。

2. 正如黄金不可能因为生锈而受损，美德不会受到卑劣的玷污。

3. 我们应该尊奉美德犹如尊奉神圣的庙宇，以使我们的灵魂不会出现卑鄙的乖戾。

4. 我们应该信任美德犹如信任贞洁的妻子，但是，我们相信运气犹如反复无常的情妇。

5. 接受伴随着贫穷的美德要比接受伴随着富有的罪恶要更好，正

① ta idia protreptika.

如伴随着健康的节俭比伴随着疾病的奢阔要更好。

6. 正如过量的食物对身体是有害的，过量的财富会导致灵魂的损害。

7. 把剑交给一个疯子，跟把权柄交给腐败的人一样危险。

8. 正如将身体上的脓疮烫掉好过保留它，一个堕落的人去死好过活着。

9. 根据智慧得来的道理应该尽可能得到接受，就好像它们是琼浆蜜酿一样，因为它们所产生的快乐是真正的、不朽的和神性的。它们还带来慷慨，尽管它们不能使我们变成不朽的存在者，但是它们使我们能够获得关于永恒存在者（诸神）的知识。

10. 如果“敏锐感知力”① 值得我们寻求，那么，实践智慧②更值得我们追求，因为它才是我们实践理性的敏锐感知力。通过敏锐感知力，我们免于受到感官的欺骗；通过实践智慧，我们在实践事务中避免错误思考③。

11. 假如我们的心智要从所有的恶当中得到净化，犹如从某种玷污和不洁中得到净化，我们就要崇敬神圣者。

12. 我们要用献礼来装点庙堂，但是要用学识来装点灵魂。

13. 要掌握深奥的东西必须先学会浅显的东西，所以，要学习和掌握哲学就必须经过入门训练。

14. 土地的果实是逐年出产的，但是，哲学的果实在每个季节都出产。

15. 想从土地中收获最佳果实的人必须进行专心的耕作，所以，灵魂也必须得到精心的耕作，以便产出配得上其本性的果实。

假如某人从对每个人都明白的事物出发，在这类谚语上再增加一些

① euaisthesia.

② phronesis.

③ paralogizomai.

类似的谚语，他将会按照一种通常理性把学生鼓动到哲学的事业中来。

第三章 毕达哥拉斯派的格言规劝

还有另外一种规劝的方式，它使用一些格言，而不是把相似的东西拿来比照。这些格言是有韵律和节拍的，尤其是毕达哥拉斯派的格言，其中的一些范例我们可以从《金诗》[①] 和其他一些诗句中看到，下面我给出一些例子：

> 要做这些事，想这些事，并且热爱这些事：
> 因为它们可以把你带到圣德的大道。[②]

通过这些格言，学生就被规劝到一切美好的学问和事业中来；无须忧虑那些必须担当的劳苦，也不要逃避那些必要的操劳。而且，毕达哥拉斯还规劝学生热爱美好的事物；所有事情都必须服务于美德的养成；不是单纯的某个美德，而是那种特殊的美德，这种美德让我们超越人类本性而达到神性的本质[③]，达到对神圣美德[④]的认识和接纳。而且，他又通过下面这些诗句规劝学生追求理论性智慧[⑤]：

> 当你掌握了这些事，你就会知道不死的诸神和凡人的体系[⑥]。
> 知道何者贯通一切，何者主宰一切。

---

① 参考“附录一毕达哥拉斯的《金诗》”。——中译者注

② 《金诗》第45—46行。

③ he theia ousia.

④ he theia arete.

⑤ he theoretike sophia.

⑥ systasis.

你将懂得，本性[1]对于一切事物皆同，这是恰当的。

这样，你就不会期盼那不可期盼的，并且不会遭到任何蒙蔽。[2]

这些诗句是值得赞叹的，因为它具有一种能力，可以激发那些有这方面天赋的人去从事理论哲学[3]。因为对诸神的认识不仅是美德，而且是智慧和完满的幸福；它使我们与神相似。另一方面，对人的认识带来属于人类的美德，给予我们在社会或俗世事务方面的技能，使我们能够分辨利害，并且趋利避害。简言之，理论哲学教我们知道人的生命以何种方式由思想和行为所构成。最值得赞叹的是，这种理论哲学教我们领会到，我们每个人自身都有一个较为卓越的部分（理性），凭借它我们得以贯通每个事物，并且，凭借它我们得以控制或抑制一切；由此我们也晓得，要从躯体的牢笼中解放出来很不容易。该格言的后半段规劝我们掌握关于自然哲学[4]方面的知识以及关于宇宙的全部理论[5]。因为宇宙的本性总是自身相似的，在同一个圆中持续旋转，——如果有人知道这点，他就不会期盼那不该期盼的事情，也不会不认识任何必然要发生的事情。

下面这则格言将规劝建立在这样的事实基础之上，亦即我们所过的生活乃是由我们深思熟虑和自愿选择的。这则格言如下：

你还将懂得，凡人给自己带来灾祸。[6]

---

① physis.

② 《金诗》第49—53行。

③ he theoretike philosophia.

④ physiologia.

⑤ theoria.

⑥ 《金诗》第54行。

如果人是行为的主宰者，并且自身就有能力选择善和避免恶，那么，不使用这种能力的人就完全对不起自然赋予他的这些优点和特长。所以，毕达哥拉斯所说的无非是这个意思，也就是说，我们选择自己的灵命[1]，我们就是自己的运气，我们获取自己的幸福。他还表明，只有那些高尚的事物和就自身而言有价值的东西才值得选择。

接下来这则格言与此相似：

> 他们既看不见也听不到身边的善，
> 很少人知道怎样将自己从各种恶中解脱出来。[2]

诸善（各种美好的东西）[3] 与我们的灵魂具有相同的本性，它们彼此亲近；在一切事物当中，诸善乃是最亲近于我们的东西；它们自身就具有特殊的规劝性。但是，人们由于感觉上的无能，既看不见也听不到这些善，直到它们从昏昧中被唤醒，神奇地将我们引导到理性的生活中，因为唯有理性能看到和听到一切。很少有人能洞见这种对恶的摆脱，它规劝我们从身体中分离开来，并且过一种纯粹灵魂方面的生活，这被我们称作“死亡练习”[4]。

从对恶的弃绝出发还可以得出另外一种规劝方式。因为“在来回转动的圆柱体上颠簸，承载着无限的灾难”[5] 乃是不可忍受的。“恶”带来暴力、无理智、粗暴和浮躁，尤其还有不确定性，所有这些都是应该尽力避免的。

这则格言后面接着的是：

---

① daimon.

② 《金诗》第55—56行。

③ ta agatha.

④ melete thanatou.

⑤ 《金诗》第58行。

> 与生俱来的“纷争”困扰着他们，他们却浑然不知，
> 对于纷争，切不可挑拨它，而要向它让步，逃避它。①

毕达哥拉斯在这里指出，人类的本性有两个方面，一方面，我们出生于变易的世界，乃是作为匆匆过客的生命，正如有些人说的“多头怪兽”，有些人说的“有死的生物种类”，还有些人说的“变易的本性”；另一方面，我们具有神性。在这里，毕达哥拉斯将这种过客一样的生命称为“同类的纷争”，它不具有与我们最根本的生命同样的地位，而只是作为一个附属物寄随在生命之上。毕达哥拉斯劝告我们，放弃这种同类的纷争，在和谐和统一的理性活动中彼此交往，它会带来利益而不是损害，带来保全而不是毁灭；并且，让人类本性中次要的、非本质的部分作为外在的和敌对的东西脱离自身。由于所有这些，人性中的前一个方面只值得简单讨论一下，而后一个方面值得详细讨论。所以，这种关于理性生活的规劝方式是最有效的。

下一个格言鼓励我们争取神性的圆满以及最卓越的生活方式，由此我们得以与诸神相沟通：

> 宙斯，万有之父！把人类从所有的恶中解放出来吧，
> 向所有人指明，他们可以享有什么灵命②。
> 鼓起你的勇气吧！因为凡人也是似神的种族。③

这里，首先有一种值得赞叹的规劝，这就是它让人获取神性的幸福；这个规劝夹杂着祈愿者对诸神的祈祷，尤其是向人类的主宰者宙斯的祈祷。其次，它彰显了从诸神那里指派给我们的灵命，通过这些灵命

---

① 《金诗》第58—60行。
② “daimon”（灵命）在这里表示“主宰和守护着人的精神性力量”。——中译者注
③ 《金诗》第61—63行。

我们再次回忆起诸神。人们要接受灵命的指引，否则他不可能上升到神性和原初的境域。由于这个灵命，每一个热爱神的人将得到真正的净化。首先，我们应该感谢这个灵命将我们从由出生带来的罪恶中解放出来。其次，我们要感谢这个灵命带来了关于神性和喜乐的生活之本性的知识；通过这种知识，我们得以提升，并且领会本原和神圣的人之种族；我们将从诸神那里接受最大的幸福。最后，毕达哥拉斯规劝人们改变灵魂的习惯，使它转向自在的灵魂本身；通过这种生活方式，灵魂从肉体中解放出来，并且从内在于肉体中的欲望和激情中解放出来。他还这样说：

> 让理智[①]作为你最高的向导
> 来判断和阐明每个东西。
> 在脱离身体之后，你将到达自由的以太，
> 成为一位不死和不灭的神，永垂不朽。[②]

这则格言首先所要规劝的是：人们要把理性设定为灵魂的统领，承认理性的优先地位，并且让理性维持与神相似的纯净。其次，假如我们离开肉体而过渡到以太[③]的境域，那么我们就从人之本性转变为神的纯粹性，因而也就选择了不死的生命，并且置身于不死者的行列。通过这些实践，我们返回到神性的状态，被接纳到神圣的界域。这个界域也就是我们沉落为人形之前的状态。这种规劝方式清楚地表明，它要让我们追求更好的或更高的生命。

---

① gnome.

② 《金诗》第69—71行。——中译者注

③ “以太”是超越于俗世领域的不完善元素之上的第五种元素或最精纯的元素。

第四章 阿尔基塔的哲学规劝

现在让我们进一步揭示深奥和专业的规劝方式。在我们透露最根本的那些本质①之前，让我们首先考虑这样一些东西，它们迫使我们对这些本质进行神学方面和理性方面的探索与研究，并且激发我们获得最高的智慧形式。阿尔基塔（Archytas）② 在他的文章《论智慧》的开头就这样规劝说：

> 智慧胜过所有人类事务，正如视觉胜过身体方面的其他感觉，理性胜过灵魂，太阳胜过星星。因为视觉是所有感觉中最迅速和最多样的；而理性是灵魂中最优越的部分，它通过思维来判断对错，就好像视觉或灵魂的能力一样。太阳是自然事物的眼睛和灵魂。因为一切事物都通过太阳才变得可见，才得以生长，才得以被觉察，而且，正因为太阳，一切事物才衍生出它们的根并且得以生长、受滋养，并且通过太阳而与感觉相联结。

在这里，阿尔基塔精确地表明了智慧的本性和功能；更重要的是，它通过这个方式把人规劝到理性和沉思③。还有，这个让人赞叹的规劝还提供了另外的优点。通过一种清晰的类比，他从那些为人熟悉的事物中推演出对更高层次的、不为人所熟悉的东西的回忆。因为所有人都知道视觉是一切感觉中最为敏锐、精妙和优秀的感觉，也没有人不知道太

---

① ousia.

② 阿尔基塔（公元前 4 世纪上半叶）是一位重要的毕达哥拉斯派成员，他是一位杰出的将军、政治家、数学家、哲学家，也是柏拉图的朋友。

③ theoria.

阳比所有星星都优越，而且，理性是灵魂中的主导因素也已经被接受，成为一个普通的观念了。

通过这个比照，阿尔基塔清楚而精确地表明了智慧对于一切人类事务的优越性，以至于对那些在晦涩言论中倾听奥秘的人而言，真理变得可以领会和可以理解了。还有，从它们各自的差异当中，人们领会到了关于智慧的知识，以及对追求智慧的规劝。首先，假如视觉是所有感觉当中最迅速和最多样的，那么通过类比，智慧可以领会最遥远的事物，它们就像在当前一样；并且，智慧可以在其自身中理解一切事物的各种形式。其次，假如理性是灵魂中最优越的部分，它通过思维和推理来判断对错，就好像视觉或灵魂的能力一样，那么毫无疑问，智慧同样胜过思维和推理，它通过理智①来沉思②诸实在③，而不是通过思维和推理；它自在地判断诸善，并且自在地完善它们；它是关于可知者的视觉，就好像神圣和完满的能力。最后，如果太阳是自然事物的眼睛和灵魂，因为一切事物都通过太阳才变得可见，才得以生长，才得以被觉察，而且正因为太阳，一切事物才衍生出它们的根并且得以生长、受滋养，并且通过太阳而与感觉相联结，那么，通过这个类比，智慧显然是可知事物的眼睛和生命，是世界上一切生成变化的首要原因，也是事物最初生长和最初秩序的首要原因。所以，我们会想：假如某个人希望分享最高的幸福，那么，他岂不应该尽最大的努力和意愿去寻求这样一种伟大的东西，这样一种带来所有美好东西的原因？

以上就是从智慧的尊严和优越性中引发出来的规劝。关于真正的人之本性所蕴含的东西，阿尔基塔通过下面的话来进行说明：

> 人类是众多动物中最有智慧的；因为它能够沉思诸实在，从一

---

① noesis.

② theorein.

③ ta onta.

> 切事物中获得知识和实践智慧[①]。此外还要算上这点，亦即神已经将普遍理性的体系铭刻和显示在它里面，其中包括一切实在的各种样式，以及名词和动词的意义。有一个地方被指派给语音，这也就是咽喉、嘴巴和鼻子。然而，正如人生来就有发声的器官，通过这些器官，名词和动词被表达出来；同样地，人还有观念的器官，这些观念通过可见事物得以表达和反映出来。在我看来，这就是智慧的作用，为此人类得以产生和建构，并且从神那里得到器官和能力。

这种规劝方式建基于人类本性的假设。因为，如果人是最有智慧的动物，并且能够沉思诸实在，那么，他就必须去努力获取这种洞识和神学方面的智慧。假如他在本性上就具备一种能力，能够从一切事物中把握到知识和实践智慧，那么，他就应该获得这种明证的知识，以及实践智慧这种本为他所固有的德性。还有，因为神已经将普遍理性的体系铭刻在他之中，在其中分配有存在着的事物的一切形式，还有各个名词和动词的意义，——考虑到这些天赋，他应当去领会逻辑方面的全部知识，因为人不仅观察那些由语词所表达的东西，而且也观察由实在所表达的那些观念；为此，他需要运用从神那里领受而来的工具和能力。由于这个缘故，人必须获取关于真实事物之全部领域的洞识；并且，对于所有种类的事物，他必须科学地把握一切知识的原理和准则。还有，他应当考察理性自身和最纯粹的思维或思想，关注其中有多少原理关系到人类生活中美好的事物。他还应该热情地去获取一切美德、推理性知识和其他前面提及的那些技术或学问。因而，奠基于人类本性之上的规劝方式可以激发我们追求整个哲学。

阿尔基塔还介绍了另外一种复合式的规劝方式，它也可以通往同样

① phronesis.

的目标。这种规劝乃是这样表达的：“人的产生和构造乃是为了沉思整个自然的法则[1]，以及智慧的法则，因而获取和考察诸实在的可知性乃是他的职责。”所谓“复合式”指的是这点：他将人的特定本性和人的一般本性混合在一起，因为这些本性能够彼此协调一致。假如人的沉思法则与整个自然的法则有同构性，而且人的智慧可以获取并沉思诸实在的可知性，这些东西都得到认可，那么，下面这点很快就可以得到证明，亦即人的沉思法则乃是普遍法则的一个部分，也是整个自然之理性法则的一个部分，同时，这个规劝变得更为完善了。因为，除非我们不仅按照人的本性而且还按照神的本性去生活，否则我们就不得不按照本性而生活，而本性乃是我们所有人都强烈欲求的；而且，除非通过哲学的帮助，追求并沉思到涉及诸实在的智慧，否则我们也不会变得幸福。

还有，这个规劝中还有一个“复合式”要素值得注意：它同时引导人追求理论哲学和实践哲学。因为实践智慧的获取乃是实践哲学的一种成果，它的目标不仅在于对一个事物进行单纯的沉思，而且还要通过它的活动来领会它。实际上，沉思乃是理论理性的一种特殊功能。由此可见，这个规劝恰好适合这两方面的因素。然而，如果智慧变得愈加普遍化，从而扩展到一切事物之上，那么，这种智慧的好处也就变得越表面化，所以，还有一个更完善的规劝产生了，阿尔基塔是这样说的：

> 智慧并不只精通某个存在者，而是完全精通一切存在者。我们应当考究的不是特殊事物自身的原则，而是一切存在者共同的原则。因为智慧与一切存在者的关系跟视觉与一切可见者的关系一样；它的功能乃是认识和沉思一切存在者的普遍性质。由于这点，智慧所探寻的是一切存在者的原则。

---

① logos.

在这里，阿尔基塔没有把智慧的能力限制在一个特定的领域中，而是说智慧的能力普遍地延伸到一切存在者，并且，智慧考察一切存在者的原则，是它以最简单的方式把它们当作一个种类来沉思它们，正如视觉也以同样的方式把握所看见的事物。此外，他还进一步说，智慧就是对一切存在者之普遍法则的掌握，为了这个目标，它进行沉思和推理。因而，只有这种知识无须假设，它所探寻的乃是一切存在者的原则，故而它能够出于自身的原则做出解释。由此可见，这种规劝方式是非常得体的。如果我们不能够通过这样一种智慧把握到某种更普遍的（或者说，更完满的、更一般的、自足的、优秀的、美好的）东西，那么，那些希望通过推理和理性来获得幸福的人们就应该去把握一切存在者的原则。

最后，这个规劝上升到了最高层次，如下：

> 无论谁能够将一切属类归结到同一个本原，并且能够将它们综合起来进行考量，那么，在我看来，他就是最有智慧的人，并且拥有最完满的真理。这个人将能够从中发现一个很好的俯瞰的位置，从这个位置上，他能够看到神性和符合神性并从属于神性的一切事物，并且能够将它们彼此区分开来。同样，他已经进入到最宽广的道路，能够在理性的推动下向正确的方向前进，并且最终到达目标。他能够将开端与终点联结起来，并且知道神就是一切由于正义和正当理性而成就的事物之开端、中间和终点。

在这里，阿尔基塔十分清楚地设定了神学规劝的最终目标。他认为，这个目标不在于把握众多的本原和所有种类的存在者；相反，他竭力主张：所有包含在同一个本原之下的种类必须得到分析，并且，那些最接近于单一本原的衍生者应当与这个单一本原区分开来。这样，通过将“多”和“一”复合起来，他就按照“数”的原则将众多事物综合并归结到了一起，从而继续思索距离单一本原更远的东西。沿着这种方式扩展到每一个部分，他就时而从“多”上升到“一”，时而从“一”下降到“多”。

既然我们最希望得到的是真理和智慧，那么，这个规劝也就是引导那些真正对理论哲学有造诣的人们去寻求这样一种关于“一”的知识，这也就是一切沉思[①]的终极目标。阿尔基塔在这里引入了更为卓越的“善”。从“善”出发，正如从瞭望塔上进行俯瞰，我们就能够观察到神性，以及受神性支配的万事万物。因为，如果神性乃是所有真理、幸福、本质、原因、本原的创造者，那么，我们当然要热衷于寻求关于神性的知识；通过这种知识，一个人可以领会纯粹的神性，并且，通过这种学问，他能够将终点与开端联结起来。终点与开端不可分割，将所有东西综合到一个同时包含开端、中间和终点的“一”，这样的一种生命也就是完满和幸福，这也就是神性。这种神性对于那些追求幸福的人而言是必要的。由此可见，这个规劝考虑到了我们整个人类以及整个自然，也就是说，它贯通了一切存在者，最终将所有的规劝方式归结到一点，这就是规劝人们向往“神性”。

第五章 毕达哥拉斯派的理论性规劝

从现在开始，我们应该使用毕达哥拉斯派关于规劝的各种分析。这个学派的弟子们最熟练和完美地追随着他们的导师。他们将各种规劝方式划分开来，由此他们对哲学探究的规劝与其他学派有所区别。他们只认可通过最科学的证明从前提合乎逻辑地推导出来的结论，因而突出地强化和巩固了这种规劝。有这样一些分析：所有人都追求幸福，但是我

---

① theoria.

们只有在拥有许多好东西[1]的时候才是幸福的。就好东西而言，有些属于身体方面的，它可能是天生就有的，如匀称、协调和力量，它也有可能是外在的东西，例如高贵的出身、权力以及在本国的名望；另一些是属于精神方面的，例如贞洁、正义和勇敢，尤其是智慧。还有一点很重要，它与这些好东西关联在一起，这就是我们通过正当的行动保卫我们的幸福；这些幸福要么来自智慧，要么来自事物内在的能力。但是，我们不会由于拥有这些好东西而突然变得幸福，除非它们以某种方式对我们有益处。所以，除非我们使用这些好东西，否则它们即使摆在面前也不会对我们有任何益处。因为没有什么东西会纯粹因为它的存在而有益于另一个东西，除非这个好东西被它的拥有者所使用。即使一个人很富有，拥有我们现在称为财富的东西，但是只要他不使用它们，他也不会因为单纯拥有这些财富而是幸福的。

所以，想获得幸福的人应当不仅拥有这些好东西，而且使用这些好东西，因为单纯的拥有是没有意义的。甚至，单纯使用也还是不够的，还需要“正确地”使用这些好东西。实际上，这还关系到某个人究竟是错误地使用某个好东西，还是完全疏忽了这个东西，前者是一种恶，而后者既不是恶也不是善。对于好东西的使用，甚至对于做任何事情，知识都会提示或揭示出正确的使用方式。对于我们前面首先提到的那些好东西，亦即财富、健康和美丽，正是知识教会我们如何正确使用它们，显明行为的正确方式。因而，知识不仅有助于幸福，而且有助于人们正确地对待他们所拥有的东西；如果没有实践智慧[2]和智慧[3]，那么没有其他任何财富会给他们的拥有者带来益处。假如一个人完全没有理性，那么，他拥有许多东西并且做很多事情还不如没有那么多东西以及少做一些事来得更有益。的确，做的错事更少的人的罪过要比做的错事

① ta agatha.

② phronesis.

③ sophia.

更多的人轻一些，犯的罪过少些的人也要比犯的罪过多些的人更少些恶。做的恶更少岂不是少一些不幸？这些都是应当被认可的，同样，那些拥有好东西但是丧失理性的人会做更多的坏事，没有那么多好东西的人反倒会少做一些坏事。

所以，总的来说，刚才提到的那些好东西都不是毕达哥拉斯派所主张的“自在的”好东西或好东西本身，这的确是一个事实。假如无知主宰着这些好东西的使用，它们会变得比它们的相反者更坏，因为它们具有更大的能力服务于坏的指挥者。但是实践智慧和智慧，作为最大的好东西，乃是“自在地”对于任何人都有价值的［不过他必须知道如何使用它们］。所以，唯有智慧是善，唯有无知是恶。由于我们都强烈地希望幸福，我们显然要通过使用一些事物并且正确地使用它们来达到幸福，而知识带给我们“正确性”和好运气。所以，看来每个人都应该尽最大的努力变得最有智慧，因为在所有事物当中只有智慧才能使一个人获得幸福和真正的成功。所以，那些希望变得幸福的人的关键是去进行哲学探究。

哲学是一种占有知识的欲求，而不是欲求获得表面好处的技巧，也不是欲求单纯造就知识而不使用它。知识必须具有这样一种特征，亦即在其中既包含创制和作品，也包含对于这个作品的使用。如果所有知识都寻求好东西，或为获取好东西做准备，而完全的正义和实践智慧则彰显出每个东西的恰当用法，并且把理性当作这个用法的指挥者，那么，获得实践智慧和正义显然是必要的。因为实践智慧自身就包含纯思的能力和判断的能力，也包含好东西之正确用法的原则；通过获得这些东西，我们将会在以后的人生中过得高尚和幸福。

以上就是基于第一种分析所得到的规劝方式。还有另一个类似的分析，那就是：我们一方面是灵魂，另一方面是身体；灵魂起主宰作用，身体受到灵魂的主宰；灵魂乃是使用者，而身体出于本性乃是被使用者。灵魂是神性的、优秀的，并且对于我们而言是本己的和独特的；身体则不然，它附属于灵魂，充当仆从或工具的作用，对于人们的日常生活具有好处或用途。因而，我们无论如何应该更关注并且培养这个起主宰作用的因素，而不是被主宰的因素；我们应该更关注我们的更为神性和本己的本性，而不是次要或从属的本性。还有一个分析与这个分析方式很接近，它将一切属于我们的东西划分为三个要素：灵魂、身体和身体的所有物。在这三者当中，一个是首要的，另一个是次要的，还有一个是第三位的。人们应该优先培养灵魂的能力，因为其他东西只是出于灵魂的缘故才得以完成。身体只在这种方式下才需要得到关注，亦即在它服务于灵魂的时候。通过身体获得物质财富乃是必需的，但是必须出于灵魂和灵魂的主宰能力的缘故来安排一切事情。如果这是对的，那些将所有精力都集中在财富的聚敛而疏忽正义的人所做的就全都不对。我们只有通过正义才知道怎样正确地使用财富。那些认真对待身体的健康和存活而疏忽如何正确地运用这种健康和生命的人所做的也都不对。同时，以下这种做法也是不对的，这就是一方面培养其他形式的学问，而通过这些学问完全不能给相互冲突的人性的各种要素提供一种和谐的调解，另一方面疏忽那些能够带来和谐与统一的知识。这种和谐与统一只有哲学能够提供。这些人尝试去做事情，但是他们既不知道也不关心某种特定的事情应当通过什么方式来做。

从另一个立场出发，毕达哥拉斯派又进行了如下的分析：每一个个体、他的所有物以及附属于他的东西这三者无疑是不同的。我们每个人乃是一个灵魂，那个归属于灵魂的乃是身体，身体的所有物就是那些出于身体的缘故而获得的财产。所以，对应于这三种东西有三门知识。那个只知道身体的财产的人知道什么东西是他的，但是不认识自己。外科医生就他们是外科医生而言并不认识他们自身，体育教练也一样不认识；那些只认知身体所依赖的东西的人距离自我认识更加遥远，比如农夫或其他手工劳动者，他们的确远远不能认识他们自己。实际上，他们甚至连他们的财产也不认识。因而，他们的技术可以恰当地说成是机械的或不自由的。唯有明智[1]才是对于灵魂的认识，而且，实际上只有这种美德才使得我们的灵魂变得更好。所以，那些专门追求这个美德的人乃是正确的，这些人希望把他们的生活安排得合乎他们的本质[2]，使得他们自己变得更为美好和优秀，真正去关注他们自身。

下面这种分析也可以带来同样的效果：除了神之外，在我们全部的所有物中，一个人的灵魂对于他来说是最为神性、最为本己和最为亲密的。但是，人的所有物以任何方式来说都是双重的：其中一个较优越、较好，并且起主宰作用；另一个较低劣、较差，充当服务的角色。主宰者一定优越于服务者。所以，除了神之外，灵魂必须比其他所有东西都更受到尊重。那种使灵魂变得比原来更差的人没有尊重她；那种将灵魂填满罪恶和懊悔的人也没有尊重她；那种拒绝接纳值得称赞的劳作、畏惧、悲伤和疼痛的人也没有尊重她；那种怕"死"的人也不尊重灵魂，因为这样一个人不能容忍身体和灵魂的分离，不能接受自在的灵魂；那种把美貌或财富看得比美德更高的人也没有尊重灵魂，因为他把更优越的灵魂置于更差的东西之下。所以，尊重灵魂的人将会过一种合乎理性的生活，按照理性来完善他的灵魂，并且变得与最好的榜样相似；通过将这些差的东西做成好的东西，他就有能力变得更好，并且从恶中离开，而且，通过对一切事物中最优越的东西的追求和选择，他就在今后的生活中持续地与之相统一。这除了正确地进行哲学探究之外再不可能是别的事情，所以，从每个出发点看，那些希望得到幸福的人都必须进行哲思[3]。

下面这个分析带给我们的完全是相同的结论。有三种灵魂的形式：第一种是我们由以思维的理性，第二种是我们由以获得勇敢的意气，第三种是我们由以进行欲求的欲望。这三种形式各自具有自己的运动方

① sophronsune.

② ousia.

③ philosophein.

式。它们一方面保持惰性和静止，另一方面又可以被激发而起作用。我们必须注意各个要素的运动乃是彼此和谐的。尤其是灵魂中最重要的部分，它就像神赋予每个人的“灵命”[①] 一样，可以将我们从地上抬升到我们在天上的相应位置，因为我们不仅有一个属地的本性，而且还有属天的本性；这个要素必须得到特殊的培养和训练。奋力劳作去满足欲望和野心的人，他除了可朽的想法之外再没有别的东西了，他自己最有可能变成可朽的；当他助长了这种可朽本性的时候，他就脱离了属天的状态。但是，尽力去获取知识和真正的智慧的人，他用最大的精力去追求知识，一旦这个人接触到真理，他就必定思及那神圣者和不朽者，他也就在人类本性中领略并分享到了不朽，因而不会错失任何东西。由于他始终珍爱神圣者，精心守护内在蕴有的“灵命”，因而他必定是“幸福的”[②]。“灵命”对于每个人的照料都是同样的，它给予灵魂的各个要素以合适的滋养和动力。

我们当中的神性因素与宇宙的运动、运转和思维是同样的。每个人都应该遵从下面这点，即在我们最优越的部分中恢复这种运转（神性因素由于我们降生于生灭世界而遭到损害），通过学习宇宙的和谐与运转，让思维按照其原始本性与思维的对象保持相似。如果这种相似性得以实现，那么他也就完成了神摆在当今和未来的人们面前的最卓越的生活目标。实际上，滋养欲望这个“多头怪兽”是没有好处的；豢养作为意气要素的“狮子”，让它在我们的灵魂中变得过于壮大，这也没有好处；还有，让作为理性要素的“人”挨饿，使他变得虚弱，以至于没有能力监管欲望和意气，这同样没有好处，这只会让它们彼此冲突而不能协调。[③] 在我们灵魂中的神性的人必须把意气部分（狮子）当作盟

① daimon.

② eudaimon. 从希腊语的构词上看，所谓“幸福”（eudaimon）也就是拥有“好”（eu）的“灵命”（daimon）。——中译者注

③ 参考柏拉图《理想国》589。

友，并且要做多头怪兽的主人，滋养其中温驯的部分，控制其中凶野的部分。这样做事的人在各方面都是卓越的，不这样做的人则毫无可取之处。由于我们本性中野蛮的部分得到了抑制，因而高尚的品质就在其中闪闪发光。

处在相反的状态对于一个人而言乃是可耻的，因为这样温驯者会受到凶野者的奴役，优秀者会受到恶劣者的奴役，神性的部分会受到缺乏神性和可恶的部分的奴役，这是对一个人的灵魂的最大伤害。确实，“无节制”自古就受到指责，因为在放纵的时候，欲望因素的自由超过了它应得的程度。另外，傲慢或永不知足也受到谴责，因为这时候意气因素膨胀并超出了和谐的界限，或者突破了恰当的比例。此外，享乐也受到谴责，由于它使得人们变得懦弱。最后，一个人只为了获得金钱，让自己的意气因素屈服于一个暴烈的怪兽，试图满足这个贪得无厌的怪兽，那么，这种品性就可以恰当地被称作奉承和奴性；通过这种品性，他在长期的屈辱下将自己的意气因素训练得像一只猴子，而不是像一只狮子。还有，从这里还产生出其他的一些恶，它们腐蚀我们本性中最好的部分。所以，只有接受神性和审慎因素的管辖，我们才会获得幸福。

因而，只要在本性所容许的范围之内，所有因素都是相似的和友好的，它们服从于同一个管理者。这显然是法律的目标。法律对于国家中每一个成员而言都一样是友好的，对于儿童的管理也一样。它限制儿童的自由直到我们在他们当中建立起一种自主的素质；通过培养他们本性中最高贵的因素，我们在儿童的心里建立了一种自治的主权，它与我们自己的主权一样；然后，我们允许他们成为自由人。所以，具有理性的人会在生活当中运用他的所有能力去达到这一个目标：首先尊重那些可以发展他的灵魂品质的学问，同时看轻其他东西。对于他的身体方面的习惯，则放在第二位；远离放纵、粗暴和低级趣味的生活方式；他还将会明白，即使健康对他来说也不是首要的目标；他不会将最重要的事情放在获得健康、力量和美貌上，除非这些东西可以使他变得更有节制；

因为，通过保持身体方面的和谐，他的目标会固定在保持灵魂的和谐上面。假如他希望变成一个真正高雅的人[①]，那么就应该做到这点。

在追求财富的时候，他也要避免超出一个特定的界限；过多的财富会给他带来无穷的困扰。反之，他要沉思自己的内在本性，防止其中的任何要素出现过量或不足。掌握了这个原则，他就具备了扩充财富和进行消费的能力。最后，涉及荣誉方面，假如在他面前的一直是同一个标准的话，他会很高兴去尝试成为他所认为的更优秀的人；但是，当他认为某种荣誉会打破他已有的正确习惯或状态的时候，无论是在私人领域还是在公共领域，他都会拒绝接受它。显然，他不会去浪费时间，而会集中所有的精力去做一件事情，亦即获得实践智慧；并且，他会做一切有助于巩固理性的事情。这些事情不是别的，恰好就是进行哲思。所以，按照这个分析，那些希望变得幸福的人最应该做的事就是哲思。

下面这个分析方式也可以推导出同样的结论。一切带有理性的自然都不会盲目行动，而是会尽一切努力达到某个目标。没有别的东西比各种技术[②]更加关注目标，因为各种技术都是关于自然的模仿。人在本性上就是灵魂和身体的复合体，而且灵魂优越于身体；由于这种优越性，灵魂总是管辖着比它低级的身体，而身体的存在乃是为了灵魂的缘故。灵魂的一个因素是理性的，另一个因素是非理性的，后者比前者更次要一些。这样，非理性因素服务于理性，而理性因素则服务于纯粹理智[③]。因而，这个分析必然推导出，一切事物都是为了纯粹理智而存在的。而且，理性的思想乃是能动的，通过它我们发现或领会那些可知的东西，这正如眼睛以同样的方式看到可见的东西。

所以，出于思想和理性的缘故，一切事物都被人所欲求和发现：有些是出于灵魂而被发现，不过，唯有理性是心理能力中最优秀的，其他

① mousikos.

② techne.

③ ho nous.

的心理能力服从于这个最高的能力。此外，有些思想正确地被称作自由的，因为它们只为其自身的缘故而被选择；而另一些思想乃是不自由的，因为它们不是由于其内在的价值而被选择，而是出于行动或制作的缘故。那些只为自己的缘故而被寻求的东西当然远远优于那些出于别的需要才被寻求的东西，因为自由的东西要远远胜过不自由的东西。行为乃是通过思想而得以贯彻的，思想掌握着行为的统一性并且管辖着行为；尽管，行为与物质世界打交道并且需要身体的服务。行为将身体当作手段，再加上运气的帮助——因为它也引发行为，而在这里面，理性乃是主导者，尽管许多事情乃是在身体的帮助下才完成的。所以，就思想而言，那些纯粹通过沉思得到的思想要比那些受功利支配的思想更有价值、更为卓越。

各种沉思[①]自身就是有价值的，因此我们必须寻求理性方面的“纯粹智慧”[②]。但是，如果考虑到实践方面，那么我们还必须寻求“实践智慧”[③]。在沉思的智慧中有价值和善，但是反过来，善和价值未必都在沉思之中。显然，不是每个观念都是有价值的，而只有主宰一切的卓越者（中译者按：神）之智慧才是有价值的，因为他与智慧是共生共处的。如果人的感觉和理性同时被剥夺的话，他就被还原到植物的状态；如果仅仅被剥夺了理性，他就会变成野兽；然而，当他被剥夺了非理性而保留理性，那么，他就变得与神相似。所以，我们必须尽最大可能削弱非理性因素中的激情[④]，而只运用纯粹理性和纯粹神性部分的功能，去练习过一种理性的生活，并且将我们的全部注意力和爱欲[⑤]都投入其中。

---

① hai theoriai，即 he theoria 的复数形式。

② he sophia.

③ phronesis.

④ tes alogias ta pathe.

⑤ eros.

我们不能出于实用的缘故来沉思神性和诸神圣者。毕达哥拉斯派认为，把神性设想为服从于人的功利需要，这是对神性的玷污，是不正当的。那种认为理性应该被拉来关注这些需要的想法也是不正确的。因为在我们所拥有的全部能力中，唯有理性高于运气。还有，人的行为和其他一切事情都必须与理性和神性相吻合；按照这个原则，每件事情的正当性都应该在理性的指导下得到判断。唯有正义和根据价值所进行的判断能够为人们带来真正的幸福。我们要注意到，人由于神性而胜过其他动物的本性，唯有神性在沉思的生命中发出光芒。在这种生命中，没有任何糟粕或无价值的东西。确实，除人之外的其他动物分有微弱的理性和实践智慧，但是，沉思的智慧只属于分有神性的人类，别的动物完全没有这种智慧。在感觉的精确性和某些本能的活跃性方面，很多动物都胜过人，但是，唯有智慧才是不可剥夺的真正的善，它包含着善的纯粹观念，因为卓越的人在其一生中都不会屈服于运气；相反，他会从一切受运气控制的东西中将自己解放出来。因而，即使在变迁和困难的生活中，我们也必须有勇气面对一切处境。因为，对于那些远离不确定者的人而言，对于拥有真正自我、自在自为地生活的人而言，他怎么会缺乏神的福佑呢？以上这些就是毕达哥拉斯派关于追求最完满智慧的规劝方式。

第六章 哲学对现实生活有益

但是，既然我们现在所面对的是人，而不是已经天生就分享着神性生活的神，那么，我们就应当将这些规劝和训诫与世俗的现实生活关联起来。所以，接下来让我们继续。有些东西归属于我们的生命，比如身体以及与身体相关联的许多事物，它们作为工具而被给予我们。对于不能正确地使用这些工具的人而言，使用这些东西乃是危险的，可能造成严重的伤害。所以，探索和掌握知识，以正确地使用这些工具，乃是必要的。通过这些知识，我们将恰当地使用这些工具而不会受到伤害。由此，假如我们希望成为一个好的公民并且有意义地度过一生，那么，我们就必须进行哲思。而且，有些知识是可以带来生活中的实用利益或实践利益的，另一些知识是教我们如何使用这些利益的；有一些是满足我们的需要的，另一些是管制我们的需要的；在这些知识当中，最根本的莫过于这种知识，即它能够向我们揭示什么是真正的善。假如唯有这种知识，亦即哲学，具有判断对错的能力，唯有它能运用理性来沉思普遍的善，能够按照本性使用和管理一切事物，那么，我们当然应该尽最大的可能去进行哲思，因为哲学自身包含了正确的判断力和绝不犯错的实践智慧。

另外，由于我们每个人都选择可能实现的东西和有用的东西，这表明我们每个人都在从事哲思；并且，获得这种哲思能力所花费的劳苦一定少于它所能带来的利益。因为每个人都乐意做更轻松的事情。正当和有益的事情就属于这种情况。同样，不难证明我们有能力掌握自然本性和关于实在的知识。基本的事情总是比次要的东西更清楚，优越者的本性总是比低劣者的本性更明了，而且，确定的东西总是比不确定的东西包含有更多的知识，原因总是比结果包含有更多的知识。好东西（善）相对于坏东西（恶）而言乃是更确定和有秩序的，恰如正直的人比堕落的人更容易管理，出于同样的理由，它们必然是彼此不同的，首要原因与次要原因的差别甚至更大。因为，如果先行的原因被破坏，那么依赖它的那个东西必然也要受到破坏。例如，如果没有数，也就没有了长度；没有了长度，也就没有平面；没有了平面，也就没有立体；没有了立体，元素也不能存在。

一方面，如果灵魂比身体更优越（因为它在本性上更适合于进行主宰），另一方面，如果的确存在像医术和体育这样与身体相关的技艺和训练方法，那么很明显，关于灵魂和精神方面的德性也有相应的技艺和培养方式；它们能够被我们所掌握，因为我们能够认识那种更加未知和更加困难的东西。这个说法也适用于对自然本性的认识。因为，必定有一种关于原因和要素的知识，它比那种关于结果的知识更优越。因为，“结果”在存在者中并不处于最高的位置，原初的本性也不是出自它们；相反，处在最高位置的存在者乃是“原因”，即其他事物赖以产生和构成的东西。如果“火”或“气”或“数”或其他某种自然物是其他事物的原因或要素，那么，不认识这些原因的人也就不可能认识其他事物。因为，一个对音节没有认识的人怎么可能理解一句话呢，或者，一个对音节的成分没有认识的人怎么可能认识音节呢？

所以，关于真理，关于精神方面的德性，存在相应的知识，并且我们能够掌握它，关于这点暂时就说这么多。从这里明显可以看出，这种知识是所有卓越的东西当中最卓越的和最有用的。由于每个人都承认最重要的东西和本性上最卓越的东西应该起统治作用，那么，唯有法律可以充当统治的基础和最高的原则。然而，法律乃是从更高的实践智慧中引申出来的一种实践智慧和原则。除了真正智慧的人之外，我们还会有更好的关于善的标准吗？哲学家在知识的指导下所寻求的东西无论如何都是善的，而与此相反的乃是恶的。但是，由于每个人都倾向于选择那些与他自己的自然品性和性格相一致的东西——正义的人选择正义的生活，勇敢的人选择勇敢的生活，节制的人选择节制的生活——同样地，智慧的人会首先选择实践智慧，因为这是实践智慧的本己功能。根据最佳的判断，实践智慧显然是所有好东西中最优越的。假如哲学乃是关于智慧的拥有和使用，而且，智慧是好东西中最伟大的，那么我们就不应该拒绝哲学。一个人不应该为了财富的缘故，冒险驾船去赫拉克勒斯之柱，但是，如果是为了智慧的缘故，则可以不惜花时间和金钱全力去那里。一个欲望强烈和追随大众意见的人，他不愿意花同样程度的努力去寻找真正的财富，也就是真正美好的东西，这样一个人所过的其实是奴隶式的生活方式。因此，追求智慧的重要性和益处已经得到足够的澄明。

哲学比其他财富更容易获取，这一点也必须得到澄明。将自己献身于哲学事业的人难以获得什么报酬，如果有报酬，这些人或许会受到鼓舞而开始并坚持哲学事业，其结果是，他们得花更多的时间投身于其他的技艺或工作，从而未能在较短时间里对哲学达到精通。这说明哲学思考的能力可能并不困难。而且，事实上每个人都乐于投身于这种学习，并且希望精通哲学而忽略其他事情。这是一个很有力的证据，它说明哲学的学习伴随持续的快乐。没有一个人希望长期受苦而毫无所获。除此之外，哲学的使用也与其他东西的使用有很大的不同。因为它不需要任何的工具，也不需要任何场所，相反，无论谁在什么地方都可以使用他的思维①，因而无论在何处他都可以从他所面对的东西那里获得真理。所以，下面这点就得到了澄明，亦即哲学乃是能够被掌握的最高层次的善，并且掌握它并不困难。总而言之，通过对所有前提的思考，哲学完全值得花费最大的精力去追求。

第七章 智慧本身就值得追求

通过以下这点或许可以看得更加清楚：智慧和知识乃是“自在地”被人们所追求的，或者说，它们由于自身的缘故而被人们追求。如果没有智慧和知识，他们就不可能作为人而生活。智慧和知识对于生活而言是有益的，因为如果不是通过理性思维和合乎智慧的行动，那么，没有任何好东西会自己找到我们头上。实际上，无论幸福生活意味着快乐②还是意味着拥有美德③，它只有通过哲学才能产生。因为这些东西只有

① dianoia.

② 暗指伊壁鸠鲁派。

③ 暗指斯多亚派。

通过哲思才能降临到我们身上。

此外，我们一方面是灵魂，另一方面是身体：前者主宰，后者被主宰；前者使用，后者则像工具一样被使用。主宰者和使用者总是把被主宰者和被使用者当作一种工具。灵魂的一个要素乃是理性，灵魂通过理性进行主宰并判断我们的各种事务；灵魂的另一个要素是非理性，它自然地服从于理性的要素。每一个按照其本己的德性而得到恰当安置的东西必须达到这样一个状态，即本己的力量起主宰作用的状态；这时候它才是善的。当最卓越、最根本或最优秀的要素在某个东西中获得了主宰地位，那么，这个东西也就得到了良好安置。

本性上更适合于主宰的东西更为卓越，更适合做统帅，正如人和其他动物的关系一样。灵魂中包含有理性和思维，它被造就为主宰者，所以它比身体更优越。因为灵魂具有驱动和抑制这种本性，它能够告诉人什么应当做，什么不应当做。所以，关于这种德性，不管怎么称呼它，它在一切好东西当中最应该为我们所追求。我们完全可以这么说：正是由于这个理性要素，我们才得以被称为人。任何事物在实现它的自然功能的时候都不是根据偶然的或外在的力量而是根据其内在的力量，所以，我们应该认定理性是卓越的；正是凭借这种德性，每个事物才合乎本性地实现其自身。对于那些复合的和物质性的事物而言，它们有多种不同的活动方式；但是，对于那些简单的和具有独立本性的事物而言，它们必定只有一种独特的德性。假如人本质上是简单的动物，而且他的本质在于理性，那么，他的独特功能就无非是获取正确的知识，揭示存在者之真相。但是，假如人由各种不同的能力构成，那么很显然，倘若一个东西本性上能够做很多事情，那么它做得最好的那件事肯定是它的本职工作。例如，医术的最佳产物乃是健康，统治术的最佳产物是保全。在获取真理方面，确实没有任何别的东西比思维或灵魂之理智要素更具有能力。

所以说，获取真理乃是灵魂中的理性因素的首要功能。这个理性因素完全按照知识[1]来展开活动，它的最主要目标乃是“沉思”[2]。在两个事物当中，其中一个基于另一个而被选择，那么，后者比前者更优越，例如，快乐比令人快乐的东西更值得追求，健康比使人健康的东西更值得追求，因为前者乃是后者的原因。所以，再没有比智慧[3]更值得追求的东西了，因为我们断定它是我们所拥有的能力当中最卓越的能力。在灵魂中进行认知的因素既是独立的又与其他部分共处，它甚至比灵魂整体更优越。知识就是这个因素的功能，除此之外，知识不是灵魂中其他任何一种因素的功能。知识是最优越的，因为行为（制作）的目的比行为（制作）的产物更优越。这种功能本身不是灵魂整体的德性，它也不是幸福。因为，如果存在制作术，那么，不同的制作术会产生出不同的东西。例如，建筑术产生出房屋，尽管建筑术不是房屋的一个成分。但是，智慧的确是美德和幸福的一个成分，因为我们断定幸福要么来自智慧，要么就是智慧本身。按照这个说法，知识不可能是制作术，因为目的比被造的产物更优越；但是，没有任何东西比智慧更优越，除非它是我们前面提到的那些东西之一，但是这些东西中没有一个是它的产物。所以，我们必须说，这种知识是理论性的，因为它的目的不能是制作[4]。所以，智慧和沉思乃是美德的产物，人们最应该追求它们，正如一个人用眼睛发现视力一样，人们甚至在除了观看没有别的事的情况下仍然追求视力。实际上，如果我们热爱视力本身，这个事实就足以证明所有人都特别地热爱智慧和知识。[5]

假设一个人热爱某件东西，而这件东西只是偶然地来自一件事，那么很显然，他会更热爱包含更多这种东西的其他事。例如，假设有这么

---

① episteme.

② theoria.

③ phronesis.

④ poiesis.

⑤ 关于观看与认知之间的类比，参考亚里士多德《形而上学》980a。——中译者注

一个人，他因为散步有利于健康而热爱散步，然而跑步更有利于健康，只要他知道这点并且能够进行跑步，那么出于这种认识他会更热爱跑步。所以，如果正确意见与智慧相似，并且正确意见只出于在真实性上与智慧相似才是值得追求的，同时，如果智慧带有更多的真实性，那么，智慧必定比正确意见更加可取。

生命凭借感觉能力而与无生命的东西区别开来，而生命被界定为这种感知能力的在场和起作用；如果这种感知能力被舍弃，生命就会随着这种感知力的消失而丧失。视力在各种感知能力中具有优先性，因为它最不会犯错，正因为如此，我们尤其钟爱它。但是，任何感知力都是借助身体而发挥作用的。例如，听力借助耳朵而接触到声音。如果生命由于感知力而被追求，而感知乃是某种认识，此外，如果我们热爱生命乃是因为借助感知能力可以认识事物，那么，在两个东西当中，我们应该更热爱那个包含有更多可追求者的那一个。因而，视力在所有感知能力中必定是最值得追求和看重的，而对于真实性而言，智慧必定是最卓越的和最值得追求的。正因如此，所有人都特别追求智慧。他们热爱生命乃是出于对智慧和知识的热爱。除了感知能力尤其是视力之外，人们没有别的理由看重生理上的生命。人们热爱视觉能力尤甚于其他感知能力，只因为它是某种直接的认知。

第八章 智慧让人生有了价值

我们的论断也可以为日常观念所支持，亦即为那些每个人都很清楚的东西所支持。因为每个人都明白，假如一个人被剥夺了智慧从而变成精神错乱，那么，即使给他再大的权力和财富，他也不会留恋生命，他甚至不会去享受生命中最强烈的肉体快乐，正如有些精神错乱的人就是这样。或许正是因为这点，每个人都尤其逃避无知。无知的反面是智慧；在那些彼此相反的事物当中，如果我们应该逃避其中一个，那么就应该追求另外一个。这就好比人们逃避疾病而追求健康。根据这个考虑，智慧应该在所有事物中首先被追求，正如日常观念所表明的那样，智慧不是一种可有可无的东西。假如一个人拥有其他一切，唯独在智慧这点上犯有毛病，那么生活对于他而言就不值得过，因为所有其他的好东西对于他而言都会没有用。因此，一旦人们领会并分享了智慧，就会把所有其他事情看得无关紧要。正是由于这个原因，没有人愿意处在浑浑噩噩的状态，或者一辈子都像婴儿一样。睡眠确实是最令人快乐的事，但是，即使我们赋予睡眠者完全的快乐，睡眠也不是一件永远值得追求的事，因为在睡眠中出现的影像都是虚幻的，而清醒的人所感知到的是真实的。睡眠和清醒两者只在一点上有区别，那就是清醒时灵魂通常把握到真实，而睡眠时灵魂总是受骗。通常出现在梦中的影像或幻象乃是完全虚幻的。

大众对死亡的逃避也表明灵魂对于知识的热爱。因为灵魂总是逃避不可知的、黑暗的和模糊的东西，而倾向于追求清楚的和可知的东西。太阳和光线是我们能够观看的原因，它们就像我们的父母一样值得特别的尊敬，犹如它们是最大的善之原因。它们似乎是我们的智慧和洞察力的原因。由于这个原因，我们对礼俗、事物和人群感到欣悦，并且将我们最熟悉的称作朋友。这些事实清楚地表明，可知的、清楚的和明显的东西乃是灵魂所喜爱的。假如可知的和清楚明白的东西乃是可爱的，这就必然推出知识和智慧也一样是可爱的。

为了生存而获取财富与为了生活得幸福而获取财富，这两者不是一回事；对于智慧的获取也一样，纯粹为了生存而获取智慧与为了高尚地生活而获取智慧并不是一回事。对于大众而言，他们有许多借口可以用来为他们的无知进行辩解，因为他们一方面祈求幸福，另一方面只求能活着。凡是不满足于简单地活着的人，他要是不花费所有力气、千辛万苦去获取可以使他认识到真理的智慧，他就显得很可笑。假如某个人能够实事求是地考虑人的生命，他就不难领悟到这点。因为他会发现被很多人所看重的东西仅仅是真实存在者的影子。因而，我们可以正确地说，人［作为一种具有感觉的动物或受造物］乃是无关紧要的，属于人类的东西都不是永恒的。因为身体强壮、高大和美貌都是微不足道的。美丽的东西只是在我们不能精确地进行观看的时候才是美丽的。假如一个人的视力有林柯斯（Lynceus）① 那么敏锐，他能够看穿墙壁和树木，那么，当他看到自己是由一些糟糕的材料造成的，他怎么能承受这种视力呢？但是，对于荣誉或荣耀而言，尽管人们把它看作最重要的东西，但其实也充满许多愚痴。对于洞察永恒真如的人而言，为这等事情所累是愚蠢的。岂不知凡人乃是朝生暮死之过客乎？

我想，人本脆弱，生命短暂，故显得珍贵。按照秘仪的解释，我们由于受到惩罚，从一开始就在本性上与恶的东西纠缠在一块；假如一个人看到这点，他怎么会认为自己为神所宠佑呢？古人确实把这看成神圣的谕示，即灵魂乃是处在受罚的状态，我们的今世是为了给极度的罪恶赎罪。灵魂与身体的结合恰好就属于这种惩罚。正如人们所说，第勒尼亚人（Tyrrhenians）总是通过把死尸和活人绑在一起来折磨罪犯，把他们面对面、肩对肩绑在一块，这样灵魂看上去也像从身体的各个部分中被拽出来一样。所以说，除了理性和智慧这个因素，人就没有别的神性要素，只有理性这个要素值得关注与研究，因为只有这个要素对我们而言乃是不死的和神性的。生命固然苦厄困顿，然而我们能分享这种理性能力，这就略有慰藉，也显得凡俗之人在万物当中犹如神明一般。正如赫摩提谟（Hermotimus）或阿那克萨戈拉所说，我们的理性乃是一位神明，可朽的生命分有某种神性。既然其他一切都是过眼烟云，那么我们应当放弃凡俗的生命从而转向哲思。这样，人们或许可以从日常观念中领会到通往理论哲学的道路，然后依据真正的觉识过一种理性的生活。

① 林柯斯是希腊神话中的一个角色。——中译者注

第九章 智慧是人的终极目的

接下来，通过考察自然之意图[①]，我们也可以推导出同样的规劝。对于那些生成的事物而言，有些是受造于某种思想或技术，例如一栋房子或一艘船（它们两者产生的原因是某种特定的技术或思想）；还有其他一些事物的产生并不是通过技术，而是通过自然。对于动物或植物而言，自然才是其产生的原因；所有这类事物的产生都是根据自然。不过，还有另一些事物既不是通过技术，更不是通过自然，更不是通过必然性，而是通过机遇[②]而产生。我们认为有许多事物乃是通过机遇而产生；这些事物的产生不依赖于任何事物，它们也不存在任何目的或目标。对于通过技术而产生的事物而言，它们有一个目的，它们由于某个缘故而被生产出来（拥有技术的人总是给你一个理由[③]，说明通过什么方式来制作，为什么要制作），这样它们就优越于那些没有目的或目标的生成物。同样可以断定的是，没有机遇的参与，纯粹通过技术本身而产生出来的东西要更优越一些。我们认定医疗技术乃是健康的原因，而非疾病的原因；建筑技术乃是房屋建造的原因，而非房屋毁坏的原因。所以，每一个通过技术而生成或被制作的事物都是出于某种缘故，这就是技术的最佳目的。那些通过机遇而产生的事物不为了任何目的而产生；尽管有些好东西乃是通过机遇被产生，但就其是通过机遇而产生出来的这点而言，这是不好的；因为通过机遇而产生的事物总是不确定的或无秩序的。不过，通过自然而产生出来的东西乃是出于某种缘故，而且总是为了更好的目标，正如通过技术而产生的东西一样。因为自然并

---

① boulemata.

② tyche.

③ logos.

不模仿技术，反之，技术模仿自然；技术的功能乃是襄助自然并且补足自然所疏漏的地方。

自然似乎能够通过自身造就某一些事物，而不需要任何帮助；但是另一些事物的产生，自然本身很难做到，甚至完全做不到。有些种子无论落在地面的哪个位置都能生长，不需要照料和关注，而另一些种子的生长则需要农业技术的帮助。同样，有些动物凭借它们自己的能力和天性就能够自发地成长；但是对于一个人来说，无论在他出生还是成长的时候，为了安全和衣食的供应，需要各种各样的技术。假如技术模仿自然，那么可以推知，通过技术而产生的东西都服务于某种目的。那些合适地产生的事物，我们认为它是出于某个目的而产生，同样，那些制作得好的事物也就是合适地制作出来的东西。一切依据自然而产生的东西都是好的东西，因为违背自然而产生的东西乃是无价值的，而依据自然产生的东西总是合乎某种目的的。

人们可能从我们身上的各个构成部分发现这点。举例说，假如你观察眼睑，你就会发现它们除了保护眼睛之外没有被赋予其他任何目的，亦即眼睑可以为眼睛的休息服务，并且避免其他东西落在眼睛上。所以，受造物的理由与它必须受造的理由乃是相同的，例如，为了在海面上运输东西而必须制造船，而正因为这个目的，船才被制作出来。那些通过自然而产生的事物的数量，无论是动物的数量还是人的数量，都是由自然产生出来的。假如有人认为许多动物的产生是违背自然的，是通过各种形式的腐化和蜕变而产生的，这种看法没什么紧要。但是，人乃是地面上所有动物中最尊贵的，显然，他是由自然并根据自然而产生的。在万物当中，我们尤其应该感谢生育我们的自然和神明。

有人问毕达哥拉斯，神明和自然生育我们的缘故是什么，毕达哥拉斯回答说，“为了我们可以沉思宇宙。”他说他自己就是一个自然的沉思者，为了这个缘故而进入尘世的生活。又有人问阿那克萨戈拉，为什么人被生出来并且希望生存，阿那克萨戈拉回答说，“为了他可以沉思宇宙及其所包含的事物，星辰、月亮和太阳”，因为其他事物无关紧要。所以，对于每个事物而言，它的目的比它自身更优越（所有受造的事物由于其目的而产生出来，而这个目的乃是更优越的东西或最优越的东西），这就是依据自然的目的，在其持续造就自身的生产序列中，这个目的乃是最终必须成就的。

人在身体方面的目的最先达成，然后，才成全灵魂方面的目的。所以说，优越者的目的在后，低层次的目的在先。灵魂的成全比身体更迟，而且，在各种灵魂能力中，智慧是最后成就的。我们可以看到智慧在自然的秩序中来得最晚，这就是为什么老年人在诸多好东西中只追求智慧。所以，根据自然，智慧对于我们而言乃是目的，它是我们来到世上的终极目的。假如我们是被造出来的，那么，显然我们被造的缘故就是我们可以获得智慧并且进行学习。正是出于这个理由，毕达哥拉斯断定神明将每个人制造出来乃是为了认知和沉思的缘故。至于是这个宇宙还是别的东西应该得到思考，这暂时不需要考虑。作为一个初步的论断，这已经足够了。

假如智慧是人的内在目的，那么智慧将是一切事物中最优越的。因而，我们应该从存在于智慧中的各种善出发来关注其他一切事物，在这些善当中，我们应该为了灵魂的善而关注身体的善，首先根据智慧来培养和实践灵魂中的美德，因为美德乃是最高层次的东西。假如有人争辩说，从各种知识中还产生出别的东西，而它必须是有用的东西，那么，他就彻底混淆了善的东西和必需的东西，而这个差别是巨大的。因为，那些由于其他事物的缘故而被喜爱的东西，那些缺乏了就无法生存的东西只能说是必需的东西；但是，那些只为其自身的缘故就被喜爱的东西，它即使没有带来任何效果，也可以恰当地被称为善的东西。因为一个事物不应该因另一个事物才被喜爱，因为另一个事物又会依赖于下一个事物，如此类推，以至无穷；反之，它应该止于某处。所以，在一个事物之外去寻求一个事物的用处，追问“它对我们有什么益处”或“它有什么用处”，这是可笑的。

我们的确可以说，如果有个人在思想里面可以把我们摆渡到福岛去，那里没有任何“需要”，别的东西也不会对某个东西有益，而只剩下思想和沉思的生活，这在现今被称作自由的生活，如果这是真实的，那么，我们当中不能通过自己而住到福岛上的人怎么不该感到羞愧呢？因而，知识给人的回报是不能忽略的，它带来的善也绝不是微不足道的。正如睿智的诗人所说，人们由于正义而在阴间①接受奖赏，由于智慧而在福岛中获得礼物。如果智慧不给任何人带来显然的实际的用处，那么它好像就是不重要的。但是，我们断定智慧不是有用的而是善的；而且它不是由于别的东西才值得追求，而是只为其自身的缘故而值得追求。正如我们参加奥林匹亚庆典纯粹只为了观赏赛会，尽管我们没有从中获得什么东西，因为赛会的场面比财富更优越，就像我们在看狄奥尼索斯赛会的时候一样，我们不是要从演员那里得到什么东西，实际上我们为了参与而付出很多东西；我们还花很多钱去看其他许多表演，所以，关于宇宙的沉思必须被认为比其他有用的事物更为重要。男人像女人和奴仆一样千辛万苦跑去看表演确实是不合适的，同样，如果没有功利的回报就不乐意去沉思自然与存在者之真相，这也是不合适的。这样，从自然的意图出发，我们也达到了关于寻求智慧的规劝的目的，也就是说，智慧乃是这样一种善，它因其自身的缘故而自在地具有价值，哪怕它并不给人生带来“有用的”东西。

---

① Haides.

第十章 理论性的哲学可以指导实践

实际上，理论智慧[①]给人生提供巨大的功利。从各种技术中人们很容易看到这点。正如富有经验的医生和体育教练必须掌握关于身体之本性（自然）的知识，优秀的立法者也必须具有关于某种本性（自然）的知识，而且这是比其他所有知识都重要的知识；因为，前者只是关于身体方面之德性的技师，而后者所从事的事业关系到灵魂的德性，关系到国家的福祉与灾殃，所以立法者更需要哲学。即使在一般的手工技术中，最好的工具也是从自然中提取的。举例说，木匠技术所需要的工具，如铅锤、矩尺和圆规，这些模型来自于水、火光和太阳的射线，通过这些东西，我们来检测那些用感官看起来足够直和平的东西；同样，政治家也需要一些从自然和实在中提取出来的标准，借此来判断什么是正义的，什么是美好的，以及什么是有用的。正如模型在自然中胜过一切工具，所以最接近于自然法则或永恒法则的法律乃是最优越的。除非一个人进行哲思并认识到真理，否则他不可能制定出这样的法律。对于其他各种技术而言，人们知道，那些工具和最精确的计算都不取材于第一层次的东西，而是取材于第二层次、第三层次甚至更低层次的东西，它们的原则来自经验。

唯有对哲学家而言存在着对精确模型自身的准确再现，亦即对那些永恒理念的再现，因为哲学家沉思到事物自身，而非事物之摹本。假如一个木匠不使用矩尺和其他这类工具，而只把其他房子拿来当标准和模范，这样的木匠不会是好木匠。同样，假如一个人不参照永恒的模型来制定国家的法律，而只是模仿斯巴达人、克里特人或其他人的国家体

---

① he theoretike phronesis.

制，他既不会是一个好的立法者，也不会是一个严肃的人。因为一个不好的东西的摹本也不会是好的，一个非神性和非永恒的东西的摹本也不会是不朽和永恒的。对于所有技师和立法者而言，唯有哲学家的法则才是永恒的，才是正当和高尚行为的法则。因为，唯有哲学家沉思到自然和真正神性的生命，正如一个好的统治者从不朽和稳固的根基中提取生活之原则，并且自身按照这些原则而生活。所以，这门知识不仅是理论性的，而且是实践性的，因为我们根据它来做一切事情。视觉既不会创制也不会造就任何东西，但是通过它的帮助我们可以完成最伟大的行动，因为它的唯一功能是判断一切可见事物并显明它们，提供给我们行动的能力和机会；一旦丧失了视觉，我们在实践上就会无所凭靠。同样道理，尽管真正的知识乃是理论性的，我们仍可以通过它来做各种事情，通过它来获得许多东西并避免另一些东西。简单说来，我们可以通过它获取所有好的东西。

第十一章 理性生活给人带来快乐

那些根据理性选择生活方式的人还拥有最愉快的生命（生活）①；这点将在下面得到说明。“生命”这个词似乎具有双重的含义：其一是就潜能②而言，另一是就实现③而言。我们说所有动物“观看”，这不但表示拥有视觉从而本性上就有能力进行观看（即使它闭着眼睛），而且表示正在使用这种能力去观看其他事物。同样，在认知④与认识⑤这

① to zen.

② dynamis.

③ energeia.

④ to epistasthai.

⑤ to gignoskein.

两个词之间也有一定区别：前者表示对认识能力的使用，后者表示这种能力的拥有和对知识的持有。所以，如果“生命”与“无生命”由于感知而得到区别，那么，“感知”这个词本身就有两重意思：一方面表示对感知能力的使用，另一方面纯粹表示这种能力。因而我们也断定处于睡眠中的人也具有感知能力。显然，“生命”具有两方面的含义。清醒的人应该说真正地和本己地活着，而睡着的人则是另一回事，因为他具有过渡到活动状态的潜能；由于这种活动状态，我们说他是“清醒的”并且感知到事物。由于这点，当两个东西由同一个语词来表示，而只有其中一个被说成在起作用或被作用，那么这个语词应用于这个东西而不是另一个，正如我们断定使用知识的人比纯粹拥有知识的人知道得更多。将视力导向对象的人比纯粹只拥有视力的人看到得更多。如果某个东西拥有某种胜过他者的因素，那么，我们说它是“更好的”；同样，如果一个东西比另一个东西优先，那么，我们也说它是“更好的”。我们断定健康好于单纯的无疾。虽然在谈到“有用的东西”和“美德”的时候，我们把它们都说成“好东西”（善的东西），但是，那些自身由于其本性值得追求的东西比那些需要人为赋予价值的东西更好。

所以，我们应该说清醒的人比沉睡的人生活得更好，实际使用其灵魂之能力的人比仅仅拥有这种潜能的人生活得更好。我们断定拥有能力只是为了实现这种能力；因为一个人被构造成这个样子乃是为了可以“从事”或“遭受”相应的事情。只要有潜能，“使用”或“有用”就可以用来表述它，也就有人可以将它带入活动之中。然而，假如一个人与许多事物打交道，那么，他会使用其中最好的一个。例如，如果一个人使用笛子，他会只用其中最好的一支或很少的几支来进行演奏。另外的事情也是类似的。所以，我们应该说，使用得最多的人知道怎么去正确地使用。能正确使用某个事物的人知道以什么方式并且为了什么本性上合适的目的来进行使用。既然只有灵魂而不是别的东西从事思维[1]或推理[2]的工作，那么，每个人都可以很容易得出这个结论：生活得更好或从生活中获取更多的人更能恰当地进行思维，并且，在最高层次上生活的人更能领会到真相，而这样的人就是根据最严格的知识进行思考和沉思的人。

应该说，那些真正在思考的人和有智慧的人拥有完善的生命。假如生命在本质上对于所有动物都意味着同一回事，那么很显然，有智慧的人的生活乃是最卓越的和最重要的，尤其在他开展活动的时候，在他思考万物中最可知的东西的时候。完美的和无限制的活动本身带有一种快乐的，所以，沉思活动是所有事情中最令人快乐的。不带厌恶地饮水是一回事，带着快乐饮水是另一回事。没有什么能阻止一个并不渴的人去饮不使他感到快乐的水，在他饮水的时候他可能感到快乐，但这不是由饮水的行为带来的，而是由味觉上伴随的快感带来的，正如外在的沉思可能伴随着内在的沉思。[3] 所以，我们说对于这个人而言饮水乃是惬意的，并且他是快乐的，但是这快乐不是由饮水这个“行为”带来的，他也并不快乐地进行饮水。所以，对于所有的走、坐、学和其他一切运动而言，我们都认定要么是快乐的，要么是不快乐的；不过，我们并不因为这些事情而特别地快乐或不快乐。我们还断定，对于所有生活得不快乐的人，快乐只是偶然地出现；而对于本身就快乐地生活的人，对于从生命本身得到快乐的人而言，生命是快乐的，拥有生命是令人快乐的。

所以，我们认定行动者比休眠者生活得更好一些；智慧者比无知者生活得更好一些。而且，我们断定从生活中产生的快乐属于灵魂的方面，它来自对生命的正确使用，而这是真正的生活。假如灵魂的功能或

---

① dianoesthai.

② logizesthai.

③ 克斯林（Kiessling）说他揣摩不透这个句子的意思。我已经给出了我的想法，然而这个句子很可能有脱落错讹之处。

能力是多样的，而其中最优越的能力本质上需要智慧，那么，从智慧和沉思中产生出来的快乐只能来自沉思的生活。所以，一种快乐的生活和真正的快乐唯独或主要出现在哲学家（爱智者）那里。最深邃的理性能力得自最真实的存在者，它总是关注所设定目标的实现，这种能力在产生真正的快乐方面比其他一切事物都更有效。因而，那些具有理性的人如果希望获得并享有真正纯粹的快乐，就必须进行哲思。

第十二章 哲学带来最大的幸福

但是，假如我们的结论不仅要从幸福的某些部分中推导出来，而且要从幸福的整体考虑中推导出来，我们就要分别论述下面这点：正如哲学关系到幸福，我们的道德完善也同样关系到幸福。一切事物之所以值得追求，一方面是由于事物之必要性，另一方面是由于它给我们带来快乐。我们将幸福假定为实践智慧[①]或某种智慧[②]，或美德，或最大的喜悦，或全部这些东西。假如幸福是智慧，显然只有哲学家（爱智者）能够拥有幸福的生活；假如幸福是灵魂方面的美德，或喜悦[③]，同样，只有哲学家（爱智者）可以体验到这种快乐，至少他比其他人更能体验到这种喜悦。因为美德是我们所有财富中最有价值和最优越的，而且智慧是所有事物中最令人快乐的。假如一个人认为所有这些东西构成了幸福，他也会将智慧界定为幸福，这就是每个人都应该尽自己最大的可能去进行哲思的缘故。哲学实际上是关于完善地生活之知识。简言之，它是引发灵魂转向完满生活的原因。我们这个种类落在尘世上，处于一种不自然的状态，这就使我们很难进行学习和研究，由于这种心智上的

---

① phronesis.

② sophia.

③ to chairein.

呆滞，很少有人能够领会到这个事实。但是，如果我们有幸返回到我们由之而来的境域，那么，我们无疑可以轻松和愉悦地进行学习。但是现在，我们丢弃了善的东西，将全部时间放在所谓“必需”或“实用”的东西上面了。而这些东西在大众看来是最让人幸福的东西。但是，假如我们追寻一条神圣的道路，并且生活在与我们同源的星辰之中，那么我们就会去进行哲思，真正地生活，与最深奥和神奇的东西交际，领会到与真理相关联的灵魂之美，喜悦地观察诸神之法则，从沉思中获得永恒的快乐和独特的洞见力，体验到不带任何痛苦和悲伤的绝对的纯粹快乐。通过追寻这条道路，我们将发现哲学可以把我们带到完全的幸福之中，它值得我们用最大的热心去从事。

第十三章 哲学使灵魂超脱肉体

如果有必要从哲学观念中提取一种对于哲学研究的规劝，我们可以从现在开始。那些正确地实践哲学的人似乎不为他人所理解，因为前者所做的无非是练习怎样“死”或“去死”（to tethnanai）。[①] 这是很有道理的。因为大众不懂得哲学家（爱智者）以什么方式以及为什么要练习怎样“死”，什么值得为之一“死”，他们值得什么类型的“死”。死亡无非是灵魂从身体中解放和分离出来，这也就是“去死”，亦即，死亡是身体脱离灵魂的纯粹存在，以及灵魂脱离身体的自在存在。正因为如此，哲学家（爱智者）热衷于追求吃、喝和性爱方面的快乐乃是不合宜的；他们看重任何服务于身体方面的东西（如锦衣宝履）也是不合宜的；他们不会看重而会看轻这些东西，并且只会在有绝对需要的时候才使用它们。

---

① 参考柏拉图《斐多》64a—65d。

简言之，哲学家（爱智者）的研究与探索似乎与身体无关，相反，他尽可能远离身体，将自己完全投入到对灵魂的培养上面。就这些事情而言，哲学家（爱智者）与其他人的行动不同，他把目标放在将灵魂从与身体的联系中解放出来上。正因为这个事实，大众认为哲学家（爱智者）不能从物质性的事物中获得任何快乐，不能从中得到任何享受，因而其生活根本不值得过，换言之，不关注来自身体方面的快乐的人乃是行将就木的人。但是，如果有人在探索智慧的过程中处处考虑到身体，那么身体对于智慧之追求其实是一个障碍。还有必要说明这点：无论视觉还是听觉都不会给人们带来任何真理。诗人们常常告诉我们："我们从来没有清楚地看到或听到过任何东西。"假如这些身体方面的感觉既不精确也不确定，其他比这些更差的感觉就更不用说了。

因而，假如灵魂在与身体相关联的时候不能领会到真理，因为它显然会受到身体的欺骗和误导，那么，只有在理知①的过程中，灵魂才可能接触到真正的实在。在任何感觉，包括视觉、听觉、痛感和快感都没有干扰到灵魂的时候，灵魂才可以进行最好、最深入和最完善的理知，亦即，灵魂越是独立自在，脱离身体，从与身体的关联中解放出来，她就越能够接触到真正的实在。这样，哲学家（爱智者）的灵魂最看轻身体，远离身体，努力变得纯粹自在。这尤其在对诸理念的沉思中表现得最明显。因为，正义本身、美本身和善本身，以及其他事物的"本质"或"所是"②，所有这些都不能通过身体为我们的眼睛或其他感觉所感知到。然而，谁要是能够全神贯注地通过理知领会到他所考察的每个事物，那么他就无疑最接近关于这个事物的知识。所以，他会尽可能地纯粹使用思维来接触每个事物，既不会在思考过程中将视觉用作辅助，也不会求助于其他感觉，而会运用纯粹的思维自身；这样，他可以

---

① logizesthai.

② to ho estin.

探索和领会到每一个真正的实在，摆脱眼睛、耳朵和其他身体器官的、纯粹自在的实在，因为身体方面的感官只会干扰灵魂，阻碍灵魂领会真理和智慧。假如有这样的人，那么他可以把握到真正的实在。

所以，从每个前提出发，真正的哲学家（爱智者）都必然会得出这个推论，并且彼此承认：只有一条狭窄的道路可以引领我们完成这种探究的历程；因为只要理性在进行探究的过程中还伴随着身体，我们的灵魂就还与这样的一种恶混合在一起[①]，我们就还不可能完全地把握到我们所追求的目标，这个目标也就是我们所说的真理。身体需要各种滋养，故而它在我们探究的道路上布下了数不清的障碍。还有，这些身体上的感觉还给对真正实在的热切探寻带来许多缺陷，使我们充满欲望、激情、恐惧、各种空洞的幻想和许多低级趣味的东西。所以，这句话说得没错：通过身体我们永远不能真正获得智慧。实际上，没有什么比身体及激情更能激起战争、内讧和对峙了。所有战争都是因为夺取财富的激情所引起的；我们由于身体的需要而被迫追求它，亦即我们沦为这些东西的奴隶。正因为身体欲望的缘故，我们才无暇顾及哲学的探究和实践。

最糟糕的事情是，即使我们能从身体的劳碌中挤出些许闲暇，转而去考察某个东西，然而在我们的研究当中却又充满喧嚣和冲突，由于身体的缘故不能够沉思到真理。实际上，这一点已经得到证明。也就是说，假如我们要清楚地认识某个事物，我们必须从身体中解放出来，纯粹凭借灵魂自身来沉思“实事本身”[②]。此时，恰如这个论证所指明的，我们所欲求和热爱的是“死亡”之后的而不是“活着”之时

① 多数新柏拉图主义者并不把身体看作绝对的恶，正如新柏拉图主义把自然世界看作神的显现。扬布里柯在这方面显得比较悲观，他认为灵魂完全堕落到尘世之中，并需要从中解救出来。但是，普罗提诺认为有一种完善的、“未堕落的”灵魂，它永远在理智领域中沉思着诸理念。

② auta ta pragmata.

的“智慧”①。

如果受到身体的牵连与羁绊，我们就不可能获得纯粹的知识，因而下面这两者必居其一：要么我们根本不能获得纯粹知识，要么只能在死后获得；因为只有在那之后，灵魂才能脱离身体成为独立的存在。我想，我们要尽可能断绝与身体的来往，除了绝对必要之外尽量阻止来自身体的影响，使我们从身体的玷污中得到净化并等待神明将我们从肉体的束缚中解放出来，只有这样，我们在这一生当中才能尽可能接近知识。当我们从身体的肮脏中解放出来并变得纯净，我们相信可以与同样纯净和真实的东西处在一起，因为不纯净的东西与纯净的东西不会永远在一起。实际上，上面所说的净化，它就在于灵魂从身体中彻底分离出来，就在于灵魂从身体结构中的各个部分中脱离出来并返回其自身，尽可能在当前和以后的时间里自在地存在，就好像从监狱中释放出来一样，努力从身体的束缚中解放出来。然而，灵魂从身体中解放或脱离出来恰好就叫作“死亡”。实际上，只有正确地进行哲思的人才能尽最大努力去解放灵魂，并且，哲学家（爱智者）的探索除了将灵魂从身体中释放或脱离出来之外再无别的目标。

哲学带给我们最大的善，就是使灵魂脱离从诞生之日起就受其束缚的锁链；这是必须用最大的力气去寻求的事情。但是，被称作“勇敢”的东西主要属于那些献身于哲思的人们；“自制”② 也一样，甚至大众也知道怎么使用自制这个名称，亦即自制并不来自激情的煽动，而是来自冷静与沉着，它尤其属于看轻身体并以哲学方式进行生活的人。其他人的勇敢和自制一旦受到考验就会显出其荒诞，因为他们把“死”看作最大的恶。普通的勇敢者由于害怕更大的恶而承担死亡，此时他不得不承担。所以，哲学家（爱智者）之外的其他人是出于恐惧而变得勇

---

① phronesis.

② sophronsune.

敢，尽管一个人通过恐惧或怯懦而变得勇敢是很奇怪的事。普通人当中最温和的人又怎么样呢？他们难道不是由于某种不节制而变得节制？尽管我们倾向于说这是不可能的，但是这种愚蠢的节制确实类似于这种情况：因为害怕被剥夺某种快乐或其他欲望，他们在另一种欲望的支配下放弃某些欲望；尽管他们将这种对快乐的屈服称为放纵，但是他们在其他快乐的支配下控制住了某些快乐。这跟我们刚才说的那种情况类似，亦即他们在某种意义上通过放纵来达到自制。因而，这不是一条通往美德的正确道路，亦即用快乐换取快乐，用痛苦换取痛苦，用恐惧来换取恐惧，就好像换取金钱一样。唯有智慧才是我们必须用以与一切进行交换的通货，无论是勇敢、自制还是正义，所有东西都应该通过智慧来买入和卖出。简言之，真正的美德只有在伴随智慧的时候才存在，只有智慧才能决定哪些快乐、恐惧和其他东西应该被抛弃或保留。如果没有智慧，纯粹在这些德性之间进行交换，就好像这些德性纯粹是服务性的，它们没有自身的完善性和真实性。然而，真正的德性乃是从这些事情中得到完全的净化；自制、正义、勇敢和智慧自身乃是这种净化的先决条件。

实际上，那些为我们奠定秘仪传统的名人不是平庸的人，他们在很久以前就向我们暗示：凡是未受启蒙和未受净化的人进入冥府的时候将陷入污浊的深渊，而受到净化和受到启蒙的人将与诸神住在一起。那些撰写神秘故事的人说："许多人带着酒神的手杖，但真正的酒神信徒却很少。"①

在我看来，这少数人无非就是真正的哲学家（爱智者）。唯有哲学因其本性而造就完满的美德和灵魂之净化，也唯有哲学值得追求和探寻。除了热爱学习的人，那些没有追寻过智慧的人以及不从绝对纯净出发的人不可能成为诸神的同伴。这就是为什么真正的哲学家拒绝放纵于

① 参考柏拉图《斐多》69c—d。

各种身体方面的欲望和激情，而是保持纯洁，不屈服于它们，完全不像庸众和守财奴那样害怕死亡和贫穷。也不像那些热爱权力和荣誉的人那样害怕羞辱和不敬。真正的哲学家（爱智者）彻底拒绝这些欲望。因而，那些曾经关注过自己的灵魂的人，那些不屈服于自己的身体欲望的人，他们排除了所有上述品性，走在一条与此完全不同的道路上，并确信那些庸众完全不知道自己的归宿。这些人认定自己不应该走在与哲学相反的道路上，不应该与灵魂解放和净化的运动相背，而是朝着哲学的方向前进，遵循哲学所引领的方向。

热爱学习的人认识到，哲学关注灵魂，而灵魂乃是囚禁并附着在身体中的囚徒，她被迫透过身体对真正的实在进行沉思，或者透过她的囚牢的栅栏来进行沉思，而不是独立地进行沉思。灵魂在各种无知中蹒跚，清楚地觉察到囚牢的可恶性质，因为囚牢尽可能使囚徒成为自己的帮凶，然而，热爱学习的人认识到，哲学将灵魂纳入自己的关注之中，温和地劝说灵魂并使她得以解放，告诉她所有通过眼睛看见的东西乃是虚幻的，通过其他感觉而感知到的东西也是一样，说服她从这些感觉中撤出来（除非她必须使用它们），规劝她返回并集中关注其自身，除了自身之外不相信别的东西，亦即只相信通过自身并在自身中领会到的真正实在，而不相信通过其他感官在不同状态下感知到的东西，不将这些东西当作真实的，因为所有这些东西乃是属于感觉和可见领域的东西，而她自己发现的东西却属于理性和不可见领域的东西。

真正哲学家（爱智者）的灵魂考虑到她自己不应该违反这个解放的进程，所以她与快乐、激情和恐惧尽可能保持距离。她反思到，每当一个人被快乐、恐惧、疼痛和欲望所强烈驱动的时候，他就与罪恶缩短了距离；这个程度不是一个人能够设想的，像一次疾病的打击或者由于放纵激情而导致的损失那样，而是遭受到最严重和最极端的罪恶。每个人的灵魂在感受到强烈的快乐和痛苦的同时会迫使她相信那些最能激发这种感受的东西乃是最真实的，尽管事实并非如此。这些东西首先是一些可见事物。

在这种“感受”中，灵魂完全被身体所束缚，因为每一种快乐和痛苦都像一颗钉子一样把灵魂铆钉在身体上，使她变成身体性的，并相信凡是身体所断定的就是真实的。她对于身体方面的快乐的认同迫使她接受其为自身的本性，由于这个品性，她永远不可能纯净地到达冥府，而一直受身体的玷污，因而她迅速再次进入另一个身体，就好像播了种子一样重新生长，并且不再能够与一切纯净者、单纯者和神圣者相互沟通。

考虑到这些事情，［亦即，从灵魂的本性和命运中衍生出来的考虑］[①]，真正的哲学家（爱智者）乃是有节制的和勇敢的，并不像大众所设想的那样。他们设想，哲学家（爱智者）的灵魂并不认为哲学应该将她从身体中解放出来，在哲学解放她的时候，她会再次与快乐和痛苦这些东西纠缠在一起，抱怨自己的劳作乃是无穷尽的，就好像珀涅罗珀一样将布匹织了又拆，拆了又织。[②] 恰好相反，哲学家（爱智者）的灵魂让激情冷静下来，遵循她一直所居留于其中的理性，沉思真实、神圣和超越意见之领域的东西，由这些东西所滋养，她认为应该在有生之年都这样生活，在“死”后进入与自身相类似的领域，由此从所有人类的罪恶中被拯救出来。

在这个思考过程中，哲学显然带给我们一种脱离人类的或身体性的束缚之解放，以及对降生到俗世的一种解救，并且将我们引向真正的实在，引向对真理自身的认识和灵魂的净化。假如真正的幸福就在这里，并且我们希望变得真正幸福，那么，我们就必须最热心地培养哲学。此

① 括号内为英译者所加，未见于希腊原文。——中译者注

② 在希腊传说中，珀涅罗珀（Penelope）是奥德修斯忠贞的妻子。她丈夫远征特洛伊失踪后，她拒绝所有的求婚者，一直等待丈夫归来。为了敷衍众多的求婚者，她假意承诺：等到织完了给公公的寿衣之后，她就会选择其中的一个求婚者。白天她拼命编织，工作很长的时间，但到了晚上，她又悄悄把织好的部分拆掉，这样，她的任务就永远也完不成。此传说见于荷马的《奥德赛》。——中译者注

外，这一点值得反思：由于灵魂乃是不死的，她需要我们用全部精力去关注，不单为了我们称为“生命”的这一段时间，而是为了永恒；因为假如我们疏忽了灵魂，将会出现最严重的危险。假如死亡是一种彻底的归于虚无，那么，罪恶的人会获益匪浅，因为这些人会因为死亡而立即从身体和他们的堕落中得到解脱，与灵魂一起归于虚无；但是现在，因为灵魂被证明是不死的，除非她变得尽可能善良和智慧，否则就不能从罪恶中逃脱。

灵魂下降到冥府中的时候不伴随任何东西，除了她的教养和品德；在灵魂出发前往冥府的时候，它要么是最佳的助手，要么是最坏的伴侣。因为最好的灵魂与诸神居住在一起，转动在天界之上，获得一个更好的配额；而充满不正义、堕落和不虔敬的人下降到地下的囚牢中领受应有的惩罚。

由于这些缘故，我们在今生中应当尽最大的努力去获取美德和智慧。这种努力是高尚的，获取的希望也是很大的。考虑到这些因素，人们应该对自己的灵魂之价值充满自信。如果他在一生中都将身体的和尘世的快乐视为外在的，把掺和到这些东西中看作有害的，而将自己献身于学习所带来的快乐，不用外在于灵魂之本质的东西来装饰自己，而用本己地属于灵魂的东西来装饰，亦即用智慧、正义、勇敢、自由和真理来装饰，那么他就会在指定的时间到来的时候准备好去往冥府的旅途。

如果事情真的是这样，我们就不应该将积累财富、荣耀或荣誉当作我们最高的目标，而是应该把积累智慧、真理以及我们由以到达最优越境界的东西当作最高的目标。这些具有最高价值的东西不应该比那些微不足道的东西更受到轻视。我们也不应该把更多的注意力放在身体方面，放在赚钱或其他方面，而应该放在灵魂的照料方面，这是我们到达可能的最高境界的主要任务。因为美德并不来自财富；相反，财富和其他私人领域和公共领域的好东西都来自美德。下面这个事情应该被看作绝对真实的：亦即，一个好人无论在今生还是死后都不会被罪恶所染，他的功绩也不会被诸神所忽略；他可以得到所有能够带来幸福的好东西；作为紧跟美德的人，他会生活得最幸福。所以，从这个进路出发，我们也可以规劝人们去从事哲学探究。

第十四章 哲学使人藐视世俗价值

接下来，根据毕达哥拉斯的教导，我们要从第一流的哲学家（爱智者）克里斐人（Coryphaeans）的生活中推导出一种规劝方式。[①] 这些哲学家（爱智者）从童年起就从来不知道去往公共讲坛的道路，也不知道法庭、议会大厅和其他政治集会场所究竟在哪个位置。无论书面还是口头的法令条文，他从来没有见过或听过。处心积虑地谋求进入官府、议会以及配有颂诗班的各种宴会，这些东西他们从来没有想过，哪怕在梦里也没有想过。城里有什么好交易或坏交易，或者从自己父系或母系的祖先中可以获得什么名声，对这些东西他一概不知，就好像不知道大海里有多少滴水一样。他甚至不知道自己对这些东西的无知，因为他并不是为了获取名声而与这些东西保持距离，实际上只是他的身体居住在城里，与这个城市打交道，而他的思想把前面所说的那些东西视作无物，遨游于方外，犹如诗人品达所说，“度量高天与幽地，凝视天界之巍然”，他遍察一切实在之本性，却不关注身边那些卑微的东西。

举例来说，泰勒斯在集中精神仰观天象的时候掉进了一个坑里，一个精明伶俐的色雷斯女孩就为这事奚落他。她说，他急于知道天上的事情，却看不见身边和脚下的东西。这个奚落适用于所有哲学探究者。他们确实对最近的邻居一无所知，甚至不知道他是不是一个人；但是，**什么是人，什么东西使他成为人并且与其他事物区别开来，什么是人该去做或承担的，对这些事情，他却奋力去探究。**

---

① 参考柏拉图《泰阿泰德》173c—177b。

当这样的哲学家（爱智者）碰巧在公共场合或私下里与其他人进行交谈，例如他被迫进入法庭或其他这类场所的时候，他不得已谈论眼前和脚下的东西的时候，他就会成为嘲笑的对象，不仅那位色雷斯女孩会笑他，所有在场者都会笑他，因为他对这些事情的懵懂无知使他感到非常尴尬和窘困，他的笨拙让人们将他当成一个呆子。如果他受到诋毁，他也不会去报复，因为他没有私人的恩怨。他被看作中了邪魔，因为他不晓得任何人的坏事，对流言蜚语也毫无兴趣。当有人受到赞颂，他只会诚意地发出笑声，为这事他又被人看作头脑简单的呆瓜。当一个僭主或国王受到赞颂，在他看来，这就好像一个牛倌、猪倌或羊倌因为拥有大量的畜生而受到赞颂一样，然而有一点不同的是，他认为牛群要比僭主所牧养的动物忠实和好管理得多。

对于统治者而言，他必须变得比牛倌更残暴和野蛮，因为他费尽心思把人用石墙围起来。当哲学家（爱智者）听说有某个人拥有万顷土地，他对这巨大的财产却毫不在乎，因为他一直在观察整个大地。那些因为祖上有七代富贵而颂唱自己家谱的人在哲学家（爱智者）看来实在是眼光短浅，因为他们不能将眼光定在永恒的时间长河上，不能考虑到每个人都有无穷多的祖先，在这些祖先中有无数的富人和穷人、君王和奴隶，无论希腊人还是外族人都是一样。当他们夸耀说自己的家谱上第二十五代祖先是安菲特律翁（Amphitryon）的儿子赫拉克勒斯时，他们忘记了安菲特律翁的第二十五代祖先乃是无名小卒，而这个人也会有第五十代祖先。他们的这种无聊算计，把心思投入到这些空洞无聊的事情，将遭到哲学家（爱智者）的嘲笑。

尽管如此，哲学家（爱智者）还是遭到大众的嘲笑，一部分原因是大众认为他们的作风傲慢，另一部分原因是他们对身边的东西缺乏了解，在琐细的事情上总是出错。

但是，当哲学家（爱智者）把某个人领到更好的境界，邀请他离开自己的私人事务而考虑正义和不正义，亦即正义和不正义本身是什么，它们彼此有何差别，它们与别的东西又有何差别，或者，让他们从关注富有的国王是否幸福这样的问题转向关注普遍的王权和人类幸福，这些东西的本性是什么，什么样的人应该享受幸福并免去不幸，当这些问题出现在他们面前的时候，当这些心智狭隘的人必须给出一种回答的时候，他的处境会跟刚才相反。因为他悬吊在这样不寻常的高度看半空，不免头晕目眩，惊慌失措，他的缺乏机智和胡言乱语让他成为一个笑料。对色雷斯女孩和普通无教养的人而言，这种人不是笑料，因为他们看不到这种荒谬性，但对那些接受过与奴隶有别的教育的人们而言，这种人就是一个笑料。下面是这两种人的状态和品格：一个属于真正的人，在自由和闲暇中成长，这种品格属于哲学家（爱智者），在他从事捆包裹、调味或奉承人这些奴仆事务的时候显得很笨拙或无所适从，这不应该受到谴责；另一个人能够按照吩咐做完所有这些奴仆事务，但是不懂得如何高雅地穿上自己的披风，也不懂得按照语言中的韵律去歌唱诸神和有福之人的真正生活。

所以，我想，如果所有人都相信这些事情，世界上会有更多的和平和更少的罪恶。不过实际上，罪恶从来不会被彻底扫除，因为永远有与善相对立的东西。然而，罪恶在诸神的居所里没有容身之地，它们必定散落在这个可朽的自然和尘世上。因而，我们必须奋力尽快从这个世界飞往另一个世界。还有，我们必须认识到这个飞跃意味着尽可能变得像神；而变得像神也就是变得正义、神圣和智慧。但是，很难说服大众相信这些事情是弃恶从善的真正理由，他们会认为这只是为了获得善的表象。但是，大众关于这个问题的观念正如妇女们编的寓言故事一样荒谬。事情的真相应该这样来陈述：神永远也不会不正义，而是完全正义的，没有什么比完全正义的人更像神。

我们通过这个方式将真正有价值的东西与无价值的东西区别开来；一方面，认识到神的本性乃是智慧和真正的美德，另一方面，不认识神的本性乃是纯粹的无知和罪恶。所有其他的所谓智慧或能力，无论是政治上的还是技术上的，都是卑微低俗的。不正义、亵渎神明或者在言行上不守法的人最好没有才智，因为他们是一些恶徒。这些人还以他们的名字为荣，并不设想自己已经被当作国家的累赘，反倒以为自己被当作了模范公民。实际上，他们的无价值就像他们对自己价值的错误评估一样严重。他们对最应该知道的东西一无所知，亦即不正义的后果并不是挨打或处死，亦即有时可以逃脱的东西，而是永远不可逃脱的惩罚。事物有两种不同类型的本性，其一是神性的和受祝福的，另一是渎神的和可憎恶的。那些以不正义的方式进行生活的人，在其盲目无知中没有发现他们正变得越来越像尘世的物种，而不是神圣的族类，他们的报应是与这个种类相符的生活。

如果我们告诉他们，除非他们放弃这种放肆的生活方式，否则，在他们死去的时候将不被允许进入纯净的领域，在另一个世界中，他们会得到比他们的肮脏行为更多的报应，那么，他们会用一切狡计和才能把我们的话看作蠢人的告诫。然而，他们还会面临一种情况，假如他们愿意在私下里讨论他们对于哲学的拒斥，并且愿意勇敢地面对这个事情的后果，奇怪的是，他们会丧失自己的骄傲自满，他们的雄辩变得逊色，他们会变得像小孩子一样。要是这些事是真实的，那么，那些将自己献身于探究和实践哲学的人们的生活方式是比其他生活方式更神性和更喜乐的。我们最应该做的是热切和高尚地去探索哲学的原则，而不是别的事情。

第十五章 哲学让人摆脱无教养的洞穴状态

在教养和缺乏教养方面，我们的自然状态有些类似于下面这种情况。[①] 请想象有一群人住在一个地下的洞穴里面，洞口向着光线，一直

① 参考柏拉图《国家》514a—517c。

延伸到整个洞穴。这群人从小就被拘禁在这里，腿和脖子都被锁着，只能坐在原地看着前方，因为他们的锁链让他不可能转过脖子来。再想象他们后面不远处有一堆明亮的火焰在燃烧，并且，在火焰和囚徒之间有一条上升的道路，其间筑了一道矮墙，就像在观众面前摆放木偶的屏风一样，上面展示着一些木偶。还有，再设想一些人在这道矮墙后面行走，扛着用木头、石头或其他材料刻成的人像以及其他动物的造型，还有其他各种人造物，在这矮墙上经过，并且让一些经过的人说话，另一些人保持沉默。

这个奇特的景象或图景与我们的处境很相似，而这些奇特的囚徒与我们很相似。首先，假如这些囚徒一辈子都被锁在那里并且不能扭转他们的头，那么他们就既不能看见自己也不能看见别人，只能看见火焰在洞壁上所留下的阴影。进而，他们对经过他们附近的那些东西的认识也是很有限的。还有，假如他们能够彼此交谈，他们会给那些出现在眼前的事物的阴影冠以名称。此外，假如有回音从囚室对面传回来，不管哪位经过的人开口说话，这些囚徒都会以为这个声音是属于经过的阴影发出来的。在这种情况下，这些囚徒毫无疑问会把那些人造物的阴影当作仅有的实在。

现在，假如某种自然过程让他们从锁链中解脱出来，以下面这种方式给予他们的愚昧一种治疗，请想一下会发生什么事。假设其中一个囚徒得到释放并被迫站起来，扭转他的脖子，睁开眼朝光线的方向走去；再假设他疼痛地完成了所有这些活动，耀眼的光辉会使他不能辨认那些他曾经只看到其阴影的东西。

假如有人告诉他以前他一直在观看各种幻象，而现在转向了更为真实的东西，在某种意义上更接近实在，看到了更为真切的东西；再假如这个人指着其中几个经过的东西问这个囚徒它们是什么，这个囚徒会做出什么回答呢？显然，他会感到困惑，并且把以前的景象看作比现在的景象更为真实。假如他被迫进一步观看火光本身，他的眼睛无疑会感到疼痛。他会退缩并转回去看那些他能看清的东西，并且认定这些东西比向他指出来的东西更清楚。

假如有人强行让这位囚徒沿着陡峭崎岖的洞穴往上爬到洞口，直到抵达洞外的阳光下才松开他，这囚徒肯定会为这种对待而感到恼火，并且由于阳光而感到耀眼眩晕，根本不能辨认出我们现在称之为真实事物的东西。因而他必定需要等到习惯之后才能够观察这外面的世界上的事物。他首先最可能看清人和其他事物在水中的倒影，然后看到这些事物本身，接着他会抬眼看到月亮和星星的光芒，发现晚上的天空和天体比白天的太阳和阳光更容易接受，最后他才能够对太阳的本性进行考察，不是出现在水中或其他物体光滑表面上的太阳，而是太阳本身。在此之后，他会得出结论：太阳乃是季节和岁月的创造者，是可见领域中一切事物的保卫者，在某种意义上也是他和他的伙伴曾经看到的东西的原因。显然，他会沿着这个过程前进。其结果是，当他回想起他最初的习性、洞中的智慧以及他旧日的伙伴，他无疑会对自己的转变感到庆幸，并且怜悯他的伙伴。假如在过去的日子里曾经发生过彼此给予荣誉这样的事情，例如，夸奖某个最具有记忆力的人，或者某个能从事物的先后关系中发现前因后果并且能预言未来的人，那么，现在他不会羡慕这种夸奖，也不会嫉妒那些获得荣誉和拥有权威的人；相反，他必定会如荷马所描述的那样“宁愿受雇于没有祖产的人”①，因为他愿意经历任何事情，只要不承受那些臆见并且生活在幻象之中。

假如这个人准备再次下到洞穴中并坐在他的老位置上，请想一下将会发生什么事呢？由于突然离开了阳光，他会发现自己的眼睛在昏暗的洞穴里就像瞎了一样。假如他碰到眼前的阴影，被迫给出关于这些东西

① 荷马《奥德赛》，11. 489。

的意见，又不同意一直待在这里的囚徒们的意见，他一定会被当作一个笑料，因为他的视觉仍然很微弱，而这需要持续一段时间。人们会认为他出去了一趟就把眼睛搞坏了，从而认为走出洞去这件事根本不值得一试。假如有人奋力将他们解放出来并将他们拉到光线面前，他们肯定会想办法弄死这个人，只要他们有力量处置他。这整个场景必须联系到我们之前的那些说法。通过比较囚室所显示的区域、火光和阳光，通过向上的攀登和对外面世界的沉思，我们就会明白灵魂向理智领域的攀登，从而不会错过真理。

在可知领域中，善之理念乃是我们探究的极限，并且几乎不能被把握到。不过，只要能把握到它，我们一定会认为它是一切真和美的东西的根源，它在可见世界中产生出太阳与光，在可知世界中产生出理性与真理。无论在私人领域还是公共领域，凡是想以智慧的方式行事的人都必须关注善之理念。假如这就是完全不同于无知的教养之功能，那么，还有什么别的事情比追求哲学和教养更值得去做呢？那些对于大众而言更值得做的事情实际上丝毫无益于幸福。

第十六章 哲学让灵魂之眼转向善①

如果这些事情是真实的，我们就不能相信教养（教育）② 的本性是像有些人所论断的那样。其实，教养并不是把知识往心智里面灌输，就像把视力安装在瞎了的眼睛上面一样；相反，我们目前的思考让我们明白每个人的灵魂内在地就具有一种用以学习的能力。正如我们认为如果

① 参考柏拉图《国家》518b—519b。

② paideia.

不转过整个身体就无法使人的眼睛从黑暗转向光明一样，我们的灵魂也必须从有死的和生成变化的世界转开，这样才能领会到真实的世界以及其中最明亮的部分，亦即我们称为善的东西。这种旋转或颠倒的过程必须交付给一种技艺，这种技艺教会我们以什么方式可以最有效地得到扭转。① 它的任务不是在人身上灌输视觉能力，而是首先假定人本身就拥有这种能力，只是暂时没有处在正确的方向，而它的目标就是治疗这个缺陷。

尽管灵魂中的其他各种德性与身体中的德性有些相似，因为它们不是先天存在于灵魂之中的，而是通过长期锻炼才形成的，智慧这种美德一定属于更神性的实存；这种实存从来不会缺乏实在性，只会在不同的状况下变成有利或有害。你一定知道那些机智而邪恶的人的小小灵魂具有怎样锐利的观察力，它们能敏锐地看到事情的倾向。这证明它们的观察力丝毫不弱，尽管它们被迫服务于邪恶。所以，它们的观察力越敏锐，就越会做出更多的恶事。假如从小就把这些品性剪除掉，斩断这些吃喝玩乐的习性，让灵魂之眼睛从低处转向高处，那么，他们就会从这些罗网中解脱出来，看到真实的世界，这些人的灵魂在追求美德的时候也会具有同样的观察力。由于我们“天生”就有这些坏品性，所以也就不难看出哲学有多么重要的功能。因为，哲学的主要功能就是净化灵魂在出生时所受的玷污，使理性能力赖以依托的灵魂得到纯化。通过实践正义和其他美德而生活，并为之而死，这是一种最好的生活方式；假如我们希望变得真正幸福，我们就必须遵循这种生活方式。

---

① 智者（sophist）宣称能够把科学知识灌输到灵魂中；但是柏拉图的证明显示，认知的能力以及理性之官能乃是每个人的灵魂所固有的，正如洞穴中的囚徒本来就有眼睛和视力一样。学习意味着回忆的学说所表达的是同一个意思。参阅《美诺》81a 和《斐多》72e—76d，尤其是 73a。

第十七章 用比喻的方式劝人节制

如果我们的听众还希望从毕达哥拉斯派或者其他人的古谚和传说中得到启发，那么，从这里面也可以得到一种规劝。把那些不缺乏任何东西的人们称作幸福者是对的，而那些欲壑难填的人是危险的和难缠的。[①] 欧里庇得斯说的下面这句话实在是没有错："有谁知道生活就是将死，而将死就是生活呢?"[②] 如果我们所有人的确死了，我们的身体本身就是坟墓，并且灵魂中欲望所在的部分自然倾向于左右摇摆，那么，人们对此会感到惊讶。有一些聪明的西西里人和意大利人把这个编成了故事，用来玩语言游戏。有一个思想家把灵魂说成一个罐子，愚蠢的人就是未成形的罐子，那些放纵和不节制的灵魂就好像充满了漏洞的罐子，因为它不可能得到满足。与大众的意见不同，他表明：在冥府（意思是"不可见处"）中，那些未受启蒙的人是最可悲的，他们被迫用漏罐打水装到带孔的筛子里面。其实，他用筛子来比喻灵魂，愚蠢者的灵魂就像带有很多孔的筛子一样，由于充满疑惑和健忘而不能守持任何东西，亦即它不足以接受和保留知识。尽管这听上去很怪诞，但其实清楚地表明了我想要说明的东西。也就是说，人们必须选择有秩序的和有规律的生活，满足于其所拥有的东西，而不是沉溺于永无止境的放纵。

从下面这个材料中我将给出另一个说明。请考虑一下，我们或许可以把节制和自我放纵这两种生活方式用下面这个方式来进行比喻。有两个人分别有几个罐子，其中一个人的那些罐子是完好的，它们分别装着

① 扬布里柯这里所依据的是柏拉图《高尔吉亚》493 以下。

② 《波吕伊多斯》（Polyidus）残篇第七。

酒、蜜和奶，还有许多其他珍贵的、只有辛苦劳作才可取得的琼浆玉液。这个罐子盈满的人不再为寻获这些东西而烦恼，他平静地对待这类东西。但是，另一个人费尽千辛万苦去寻找这些佳酿，奈何他的容器崩裂朽坏，被迫昼夜不断往里面填充，受尽折磨。如果这就是这两种人各自的生活方式的实质，你会认为自我放纵的人比有节制、有分寸、有规矩的人更幸福吗？其中一个人的生活是这样的：你越是灌输得多，它浪费得越多，它有足够大的孔可以让液体流失，这无非是像贪婪无度的禽兽一样的生活；另一个人的生活只要给它填充上属于它自己的滋养，它就会永久地保持充盈。[①] 这就是劝人追求美德的一种古老的规劝方式。

第十八章 灵魂与身体一样需要健康

还有一种与此相似的规劝方式，这就是从比较清楚的身体方面的好坏来类比灵魂方面的好坏，以这种方式来使我们的意志发生转变，从邪恶、卑劣和低贱中扭转过来，从而尽全力获取好的东西，把我们的心智与好的东西绑在一起。假如我们必须避开身体方面的情欲和疾病，我们就更需要避开灵魂方面的情欲和疾病。不正义乃是灵魂的一种疾病，染上这个疾病的人是难以忍受的。假如身体处在不和谐的状态，并且影响到灵魂的完善，那么，我们在这种灵魂状况下的生活就

---

① 这个毕达哥拉斯派的寓言的意思是：我们被说成是要死的，因为灵魂分有非生命。正如柏拉图所说，身体是我们携带着的坟墓。然而，冥府是不可见的和幽暗的，因为我们被置于幽暗之中，灵魂处于被身体所奴役的状态中。这些罐子也就是各种欲望。受了启蒙的人也就是具有完善知识的人，他们灌注完好的罐子，因而他们的罐子是充满的。也就是说，他们具有完满的美德。但是，没有受启蒙的人所拥有的罐子是有孔的，他们的罐子永远不会充满。参考奥林匹奥多洛（Olympiodorus）的相关记载。

必定不会是健康的生活。让我们再从同一个出发点来考虑下面这些事。[①] 身体只有在和谐和有序的情况下才能正常发挥作用，如果身体发生紊乱就不可能正常发挥作用，同样，将灵魂缺乏秩序就会变得恶劣，处于和谐有序的状态就是良好的。身体方面的和谐有序被称为健康和有力，将灵魂方面的和谐有序则被称为守法和法度。我们正确地将身体的良好状态称为“健康的”，因为它带来健康状态和身体方面的其他优点；同样，将灵魂方面的有序状态称为“法度”，因为通过它人才是守法的和有序的，而这也就是正义和节制。正因为如此，拥有知识和美德的人会遵从灵魂所发出的吩咐，并且言行一致。他的取舍都有章法，知道怎样向其他公民的灵魂灌输正义并清除其中的不正义，造就节制并且涤除放纵，造就其他所有美德而清除所有邪恶。试想一下，将大量好东西拿给一个生病的小孩去吃喝，这会给他带来什么好处呢，有时难道不是适得其反吗？

我断定，一个身体状况恶劣的人活着并没有什么好处，在这种情况下他的生活会是可怜的和恶劣的。当一个人处在健康的状态，医生会尽可能允许他满足食欲，比如在他饿的时候愿意吃多少就吃多少，在他渴的时候愿意喝多少就喝多少，但是当他处于疾病状态时，医生就决不会允许他这么做，亦即不会允许他放纵他的食欲。同样的情况也适用于灵魂方面。当灵魂处在恶劣状况中，亦即处在愚蠢、不正义和不虔敬状态时，我们必须禁止它放纵它的欲望；除了可以使它变得更好的事情之外，不能让它做任何事。限制一个恶劣的灵魂满足其欲望也就是一种惩罚。对于无限制的自我放纵和纵欲的灵魂而言，限制或惩罚对它而言是更好的事。甚至大众也这么想，和谐和秩序应该引领着不和谐和无秩序的人。因而，正义和节制无论如何必须受到培养和实践，不正义和无节制则应该受到惩罚和限制。这就是我们在这个

① 参考柏拉图《高尔吉亚》504a—505b。

问题上的主张。

第十九章 灵魂的美德胜过其他各种好处

人们也可以将灵魂中的各种善单独提出来讨论，说明其中哪些是完美的，哪些是幸福的本质特性。灵魂胜过身体，正如灵魂的各种善胜过身体的各种善；身体方面的善相对而言没那么重要。然而，灵魂方面的各种善应该受到最高的尊重。所以，善与快乐不是一回事，追求快乐不是因为善，追求善也不是因为快乐。令人快乐的东西通过其在场而带来快乐，善的东西由于其在场而使我们变善。我们与其他一切善的事物都由于获取一些德性而具有善的品性。但是，无论器具、身体还是灵魂的德性都不能出于偶然而达到最好，而只能由于特殊的安排和技艺才能达到最好。每个事物的德性都意味着秩序与和谐。每一个事物里面的和谐有序的因素才使得这个事物是好的，因而，灵魂处在有序和谐的状态比缺乏秩序的状态要好。具有秩序的东西是有条理的，有条理的灵魂是节制的，有节制的灵魂是善的。

如果有节制的灵魂是善的，那么，处在与节制相反的状态下的灵魂是恶的，这无非是愚蠢和放纵的灵魂。实际上必定如此。还有，有健全理智的人对神和人都会做正当的事，假如某个人对神和人都做不正当的事，那么，他一定不能被说成具有健全理智。当一个人对人做正当的事，他的行为就是正义的；当他对神做正当的事，那么他的行为就是虔敬的。做正义和虔敬的事的人必定是正义和虔敬的人。还有，这样一个人必定也是勇敢的，因为节制和自制并不在于避免不应当做的事，而是在于追求自己应当做的事，无论这事是快乐的还是痛苦的，都应该响应义务的号召。因而，节制的人必定同时是正义、勇敢和虔敬的人，他达到了完满的善，而善的人所做的一切事都是高尚的，高尚的人乃是幸福的；坏人和作恶的人乃是悲惨的，后面这种情况一定属于心智处于放纵状态的人。所以，每个希望得到幸福的人都必须服从于节制，按照节制行事，尽可能离放纵远一些，这样他就不会受到惩罚。如果一个人要获得幸福的机会，他就必须让自己或任何与自己相关的东西都受到正义的检验。

在我看来，这应该成为每个人一生关注的焦点，他应该把所有力气都花在这上面，通过这样行事，以使得“正义”和“节制”成为自己的本分。如果他要得到真正的幸福，他就不能让自己的欲望失去控制，不能试图满足自己无休止的恶念，不能过一种强盗的生活。否则的话，他不论对于其他人而言还是对于神而言都是可憎的，他不可能有朋友，而没有朋友的人要获得友爱是不可能的。然而，哲人们告诉我们无论天与地，还是神与人，它们都通过友爱、秩序、节制和正义而处在一起，这就是为什么他们将宇宙称为“秩序”[①]，而不是称作“无序”或“散乱”。那些不关注这些事情的人忽略了天体和大地在几何意义上的平衡。[②] 他们认为应该培养一种非平衡的精灵，亦即获取超出自己应得份额的这种欲望，因为他们不懂得几何学，而这其实是一种关于幸福生活的普遍理性或法则。这些人愿意毫不高尚地活着而不愿意高尚地去死，愿意使他们的子孙后代因为祖先的不光彩而遭受坏名声。辱没自己种族的人的生活乃是不值得过的，这样一个人无论在人世间还是诸神所在的领域都不可能有自己的朋友。[③]

每个人只要去做事，就一定要出于美德去做，认识到以下这点：如果缺乏美德，那么所有财富和追求都是低贱和可耻的。财富并不能给一个怯懦的心智带来荣誉，这样一个人的财富并不服务于自己。美貌和力量在一个卑贱怯懦的人那里可以被看作一种装饰，但它会是可耻的：因

---

① kosmos.

② 参考柏拉图《高尔吉亚》507e。

③ 参考柏拉图《美涅克塞努》246d—247b。

为它反倒使拥有者的怯懦更加明显。同样，如果知识脱离了正义和其他美德，那么它不是智慧而是狡猾。所以，要尽你最大的努力胜过祖先的荣耀；假如做不到，至少在公正这点上要赶上他们。因为这方面的胜利带来荣誉，失败带来坏名声。获得这个胜利的最有效方法是让你的行为和生活不辱没先辈的名声；要意识到这点，即对于一个具有自尊的人来说，不是靠自己而是靠祖先来获得荣耀是不光彩的。父辈的荣耀的确是巨大的财富，但是只会享用这种财富，而不会给后代留下财富，这同样是卑劣和不光彩的。每个人都要从自己开始来获取各种好事物以及让人得享荣耀和幸福的东西。古谚说得好①：“万毋过度。”一个人把幸福建立在自己的努力之上，而不是依赖于别人，或者依赖变动不居的运气，那么，这个人的生活就注定会很好。他是节制、勇敢和智慧的，在他的财富得失之际，在他的儿女降生或夭折之时，他都会谨记这句古谚：“宠辱不惊”，因为他只依靠自己。所以，我们在临死之时或患病之际都最好不要过度悲伤。一个人要坚信这点，即善人是有福的和幸运的，因为他是节制和正义的，无论他是强壮还是弱小，无论他是富裕还是贫穷。② 如果他是一个不正义的人，即使比克尼拉斯（Cinyras）③ 或米达斯（Midas）还富有，他都会是不幸和可悲的。

有位诗人的话是对的，他说，“无论一个人成就了多少大事，只要其中缺乏正义，我就不会去赞颂他”，而要让“那个奋力抗敌的人成为正义者”。但是，对于不正义的人，我不会让他敢于“正视淋漓的鲜血，胜过色雷斯的北风之神”。永远不要让任何不善的东西成为这个样子。

许多人口中所说的“好东西”并不是真正的“好”或“善”，因为他们首先将“健康”放在第一位，然后是“美貌”，第三是“财

---

① 参考柏拉图《美涅克塞努》247e—248b。

② 参考柏拉图《法律》660e—662a。

③ 在希腊神话中，克尼拉斯是阿波罗的儿子，塞浦路斯的国王，以富裕著称。

富”，然后是其他各种东西，如有很好的视力或听力，或总体而言有很好的感知能力；或者，有些人认为“好”就是像僭主一样为所欲为。在大众的想法里面，至福就是拥有上面所有这些东西，而且在获得它们的同时可以长生不死。但是我断言，上述这些东西对于一个正义和虔诚的人而言是最好的财富，但是对于一个不正义的人而言，这些东西，甚至是健康，全都是最大的坏处。因为一个没有正义和美德的人即使拥有好的悟性和感知能力，或者拥有许多所谓的财产，他的长生不死反倒是最大的恶，要是这恶人死得早反倒没那么糟糕。我断定罪恶对于那些不正义的人而言乃是良善，而只对正义的人而言才是罪恶；同样，良善对于好人而言乃是良善，但对于恶人而言反倒是坏处。生活在不义之中的人必定生活在卑劣中，然而，卑劣必定带来痛苦，因而对他自己也是不利的。假如我们肯定正义的生活是最幸福的，这一定没错。如果各种好东西由于美德而内在于生活之中，那么，真正的好东西和纯粹的快乐只出现在哲学家（爱智者）那里。所以，那些追求真正幸福的人要选择一种有美德的生活。

第二十章 社会生活的秩序需要哲学

我认为，通过忠告的方式来进行规劝在这个时候是恰当的，它与劝人追求正确生活方式的箴言最终合并在一块了，这尤其表明了关于哲思的各种规劝不是杂乱无章的，而是相互协调的。按照这个观念，我们将从最杰出的箴言出发来进行规劝，亦即我们必须虔敬。除了崇拜者变得与被崇拜者相似之外，虔敬再不能通过别的方式来完成。对于实现这种相似性而言，没有任何别的东西比哲学更有效果。

这里尤其有必要说明一件重要的事情。谈到真理，无论关涉到神圣事务中的诸神还是关涉到人类事务中的人，它都把我们导向属人的和属神的各种善。真理具有这样的性质，但是它只有通过哲学才能达到，因为唯有哲学家（爱智者）才是爱真理者。此外，每个人都应当知道法律的作用，而且应当知道这种作用如何对他有用。但是，除非我们认识并实践美德，否则我们就不可能懂得这点。我们正是通过与法律相似的美德才反思到法律的作用。但是，美德的培养和实践来自哲学，通过哲学的引导我们才能达到这点。

我们还有必要知道怎么与别人相处。但是，要做到这点，我们必须探索和发现哪些事情对于所有行为而言都是恰当和正当的，把握哪些东西应该归因于哪些人，并且了解哪些人具有哪些不同的风俗习惯和本性，领会灵魂的各种能力以及适合它们的各种话语。如果没有哲学的帮助，上述这些事情就不可能做到，所以，哲学在这些方面是最有用的。

如果关于勇敢方面的法律命令我们应该抵御野蛮和残暴的人，并且控制最凶险的动物，那么，我们就必须无畏地接受这个任务，让我们来看看什么学问可以帮助我们实现这个目标。在我看来，除了哲学之外别无他者。因为哲学努力实践忍耐和藐视死亡，在整个生命中培养自制，高尚地承担劳苦和困难，完全看轻快乐。所以，唯有追寻和领会哲学的人愿意参与所有属神的和属人的各种善。总的来说，无论一个人希望做什么，只要他想做得最好，他就一定需要通过智慧、勇敢、口才和其他全部或部分美德才能实现他的目标。

一个人首先要“出生”，这有赖于偶然性或运气。但是，还有一些确定的事情掌握在人的能力范围之内。一个人有可能成为追求美好事物和热爱劳动的人，他也有可能从小就献身于追求知识并且之后一直坚持。假如他缺乏其中某一项，那么他就难以达到最高的目标；反之，如果他具备所有这些东西，那么他就会在自己的事业上达到完满。如果对其他学问的掌握尚且是这种情况，那么，哲学作为一切学问中最优越的学问岂不更是如此？为了哲学的缘故，我们应该愉快地接受一切劳苦，花最多的时间来学习它，用最大的热情来掌握它。

如果一个人在某个时候想在社会中获得好名声，想通过自己的真实品性而获得尊重，那么，他必须从年轻的时候起就持之以恒地为这个目标而努力，而不能时常间断。因为一个人要达到这个目标必须花很长时间，而且必须自始至终都为之奋斗，这样，他将因为受到信任而获得实实在在的声誉。人们不会出于那些自己不羡慕或不褒扬的东西而产生嫉妒，也不会由于被他们错误地贬抑的东西而产生嫉妒。人们对胜过自己而获得特别荣耀的人感到不惬意，因为他们觉得别人这样做损害了自己的利益；但是通过长时间一点点的影响，他终于勉强表示赞赏。在这个时候，他才不怀疑这个人的确是其所表现的那种人，而不是通过伪装而猎取他人的赞扬，不是通过给出诚实的外表来欺骗他人。我前面已经提到过，实践美德的人带来信任，并且为自己赢得声誉。

由于事实的力量，人们不会长期沉溺于嫉妒，也不会一直相信自己受蒙骗。长时间将精力花在一件工作上，这种努力要通过长时间的考验，短时间做不到这点。对于演说术而言，假如有一个人透彻地学习了，他可能在短时间内就可以赶上他的老师。但是，对于依赖于大量善行的美德而言，如果一个人开始得太晚，他就不能够取得完善；这也不可能在短时间内做到，他必须在美德的陪伴下成长，避开各种坏的行为和习惯，尽力培养和实践好的行为和习惯。但是，在短时间内，人们会责难他是在猎取名声。因为人们不太乐意接受在富裕、智慧、优秀和勇敢等方面的短期速成。说实在话，除非通过哲学的帮助，否则我们不可能获得坚定和不屈的好习惯。所以，从这个前提中我们可以清楚地得出结论：如果我们希望变得完善并且获得真正的荣耀和幸福，那么，我们除了进行哲思之外别无他途。

此外，这个规劝还得出一个结论，即当一个人追求某种东西，无论是口才、智慧还是强壮，他都必须尽最大的努力，而且这个追求必须遵循法度并服务于一个良好目的。如果一个人利用现有的好东西非法地谋求不正义的目标，这个行为会是一切行为中最坏的行为，而且还不如没有这个好东西。如果一个具有这些好东西的人正当地使用它们，那么他会是至善的；相反，假如他错误地使用它们，他会是至恶的。我们要把那个追求一切美德的人看作最好的人，因为他事实上最为有益。

如果某个人通过给钱的方式帮助贫穷的邻居，他可能会陷入糟糕的境地，因为他通过赠送把钱花掉了，因而不可能使财富积累到永远花不完的数量。[这样，如果美德在于纯粹的给予，那么不能进一步给予的人就会是糟糕的。] 如果某个人积累了财富，这又会带来第二种坏处，因为他可能从富裕变成贫穷，从拥有一切到丧失一切。一个人怎么才能通过别的方式而不是通过分发财富来造福人类呢？如果一个人慷慨地进行奉献，他怎么才能不至于匮乏呢？实际上，如果有正义和法度的帮助和指引，他就可以做到这点。正义乃是国家与国家之间、人与人之间的纽带，也是政治自身的基础。

从下面这种考虑出发也可以得到同样的结论。假如哲学真的提供出生活中所有事物的正确用法，并且提供出我们称为“法律”① 的合理分配方式，那么，那些希望分享完满生活的人除了进行真正的哲思之外不应该干别的事。实际上，每个人都应该对自己有一个完善的管理。假如一个人不屈服于令人腐败的金钱，那么他尤其能做到这点；而且，他的灵魂会尽全力去领会和实行正义与美德；尽管许多人在这点上是软弱无力的。他们由于这点招致了责难。也就是说，他们“热爱灵魂”② 只是因为灵魂与生命是同一回事；他们离不开滋养生命的灵魂。另一方面，他们“热爱财富”③，为了抵御危害生命的东西。然而，这些东西是什么呢？疾病、衰老、变故或惩罚。这里我并不想说由于犯法而招致的惩罚，因为这是应该被预见和避免的，而只是提及诸如火灾、家畜的死亡

① nomos.

② philopsychein.

③ philochrematein.

或者其他天灾，有些关于身体，有些关于灵魂，还有些关于一般的财物。正是由于这些事情，每个人都追求财富以便当不幸降临的时候他可以弥补损失。

正如前面所说，还有另一些事情也激发人们追求钱财，如在行业竞争和权力斗争当中，他们会认为钱财非常重要，因为钱财恰好是这些事情的产物。但是，真正有美德的人并不用外在的声誉来装饰自己，而是用自己的美德来装备自己。由于哲学是一切好东西的原因，它使我们摆脱对外在事物的欲望和享用，因而它最有助于人们获得幸福生活。

至于对生命的热爱，一个人可能相信这是天然的倾向。除非一个人被谋杀或死于疾病，否则他躲不开晚年和余生，故而尽力挽留生命的人可以有很好的借口。但是，风烛残年对于人而言乃是一件坏事情，况且又不可能有尘世的不朽，再加上老年痴呆，言语和行动能力的衰退，那些纯粹想维持肉体生命的人其实没有多少理由。很显然，大多数人宁愿忍辱守住残生，也不愿意用此生来换取永恒的福祉。[①] 如果唯有哲学才能激发人沉思死亡和看轻死亡，把人引向不死和永恒的生命，让我们获得关于理念或永恒本原的知识，并规劝我们模仿这些理念，那么，哲学在一切事物当中就是最有用的东西。

我们不应该鼓励人们变得贪婪和自私，也不要把傲慢考虑为一种美德，更不要把守法看作一种怯懦。因为这些想法乃是最恶劣的，罪恶和灾难就是从这些想法中产生出来的。假如人由于其天性不能单独生活，而需要与他人共处，而且，由于这种共处的缘故，一切生活都是有规则的；他们所发明的一切技艺也是一样，社会在没有法律的情况下不可能存在，因为缺乏法律的社会比个人单独生活更不利，正因为这些缘故，在人们当中要有法律和正义，这些东西是不可能被消灭的，因为它们本性上就是永恒的。

---

① 扬布里柯的这段文字如其他多处情况一样，有残缺脱落之处。

假如某人从一开始就获得下面所说的这种本性，亦即他的身体不会由于疾病或其他原因而受到伤害，他在身体和灵魂上都是坚不可摧的，对于这样一个人而言，他可以高高在上傲视一切，因为这样的人犯了法也可以逃脱惩罚。但是，并没有这种类型的人。因为如果真有这种类型的人，他不需要法律和正义的帮助，这样他可能暂时会是安全的，如果不然，他就逃脱不了惩罚和伤害。每个遵守法律的人都会把这个逃脱法律的人视为敌人，众人会通过计谋或能力将其击败并制服。因而，强力自身看起来是通过法律和正义来得到维持的。即使不考虑这些东西，正义的东西由于其自身也会被人选择，我们自然地就倾向于培养和获取正义。因此，即使实行正义不能带来任何外在的好处，甚至有些人因此丧失一切好处，我们也仍然必须正义地行事，因为这对于每个人而言都是最重要和最可贵的。

人们必须了解“守法”[①] 和“违法”[②] 之间的区别，了解守法无论对于个人还是国家都是最好的，而违法是最坏的。罪恶和伤害都来自违法。我们首先来指明守法所产生出来的结果。首先，守法产生人与人之间的诚信，而诚信对于所有人都是有益的，它是一种最高的善。由于诚信，好东西才成为人们共有的；哪怕这些东西很少，只要得到公平的分配，人们也会感到满足。与财富和生命相关的那些偶然的运气，无论有利的还是有害的，都要接受法律的管理。好运是稳定的，不受厄运的干扰，而厄运会因为（守法所产生的和诚信带来的）好运而得到改善。所以，将时间花在守法之事上面是不会引起争议的，但是把时间花在别的地方却会引起争端。

遵守法律的人可以避免众多的麻烦，从而活得最为惬意。因为争端和诉讼所带来的困扰是最让人不快的，而公正的行为是最令人愉快

① eunomia.

② anomia.

的。有些人纯粹只爱做梦，他们设想人类不再会出现恶，他们可以无须恐惧和不带悲伤地得到并且享受自己所要的东西；然而，那些正义地生活的人不会在突然的恐惧中醒来，因为他们知道，梦中的快乐需要用白天来换取；他们会在满足和平静中醒来，并且从事自己的工作；他们通过对好生活的憧憬来缓解劳作之苦，守法是所有这一切的原因。

那些对人类产生最大危害的东西，如战争，它带给那些违法者的打击要大一些，而对那些守法者的打击要小一些。实际上，守法还带来其他许多好处，它给生活带来舒缓和保护，给困境带来慰藉。

反之，“违法”产生的是各种危害。首先，它使得人们没有时间去做善事；他们（不守法的人）致力于那些最可恶的事，制造麻烦[①]而不是善事[②]。这些人通过诡计和吝啬而囤积居奇，垄断财物而不用于公共福利；于是，尽管物资丰富，却流通不足。在“违法”状态下没有稳固的繁荣，只有变幻莫测的不确定性，所以，不论好运还是厄运都不会带来好结果。在这种情况下，灾难不会得到排除，只会由于狡诈和诡计而加剧。

对外战争和内战常常是由同一个原因造成的，亦即每当人们彼此要阴谋诡计的时候；他们彼此躲闪，整天算计如何对抗另一方。他们不仅在醒着的时候不能领略到心灵的愉悦，甚至在睡觉的时候也不得安稳，他们回忆起种种罪恶，惶恐不安，所有这些和上述的那些罪恶都是起源于“违法”。

“专制”[③] 这种如此巨大的恶，它得以产生的原因就是“违法”，没有别的原因。有些人错误地认为“僭主”[④] 产生于别的原因。还有些

---

① pragmata.

② erga.

③ tyrannis.

④ tyrannos，或译：专制者，独裁者。——中译者注

人觉得，人们不是由他们自己而丧失了自由，而是由于僭主的压制才丧失了自由。这种想法也是不对的。无论谁认为君主或僭主产生自别的原因，而不是“违法”和贪欲，那么他就是傻子。当每个人都追求恶的东西，这时候就产生了一个统治者：因为人离开法律和正义就不可能生活。但是，当大众疏远了法律和正义，那么对它们的守护和监管就落在了少数人手上。要不是保护多数人的法律遭到沦丧，政府怎么会落到单个人的手里呢？颠覆正义和法律的人既然能从大众那里攫取权力，他在众人当中必须强硬异常，但是，他像其他人一样也是肉长的，因而他不可能做到这点。可是，在众人废弃法律的时候，他就可能建立独裁。然而，对于这个事实，一些人毫无所知。

因为“违法”是这些坏事的原因，而“守法”是那些好事的原因，所以，除非一个人把法律当作其一生的指引，否则他不可能获得幸福。这就是指引什么事该做而什么事不该做的正确道理①，它关涉到天下、国家和家庭等各方面，关涉到每个人的每一个行为。如果这个道理关涉于善与恶，关涉于高尚与卑劣，那么，它除了通过健全地进行哲思之外就没有别的途径可以获得，即使获得了也无法贯彻实施。因此，哲学应该优先于其他一切人类事务而得到培养和实践。

第二十一章 毕达哥拉斯派的信条

最后一种规劝方式基于一些象征性的信条②，其中有一类专属毕达哥拉斯派而极少见于其他各派，另一类是大众化的并且为其他学派所共有，第三类处在两者之间，它既不完全属于毕达哥拉斯派，也不完全是

① logos orthos.

② symbolon.

大众化的，而且与其他各派有些关联。在所谓毕达哥拉斯派的象征性信条当中，有一些看上去拥有某种特殊的规劝作用，值得记录；我们附上一个适当的解释，希望通过这种方式给读者一种关于哲学的更充分的规劝。我们会给出一些流俗的解答或对各种哲学都共通的解释，这些东西必须看作与毕达哥拉斯派的旨意有所不同。不过即使这样，在我们介绍这些人关于特定信条的主要观点的时候，它仍然是专属毕达哥拉斯派的，与其他哲学家完全不同。这种方法将不知不觉地把我们从流俗观点中引开，使我们接近其他哲学家的观点，最后达到专属毕达哥拉斯派的规劝，仿佛它是我们由低往高、从下往上攀升的一座桥梁或一个梯子，吸引并引导着所有真正献身于哲学的人的心智。这些信条正是为了这个目标，模仿我们前面所说的东西做出来的。

古代思想家，包括毕达哥拉斯的同时代人和门徒，大多不用通行或流行的体例来写作，不用其他作家通常使用的容易理解的方式来写作，那像是试图让别人很容易就可以领会他们思想的方式，相反，他们应和于神秘的缄默，毕达哥拉斯称这个神秘为法则；他们使用一些奥秘的和外人难以理解的方式，通过象征性的信条把他们的思想和道理隐蔽起来，不让外人知道。所以，那个能领会这些象征性信条的人可以通过明晰的解释透露其中的含义，而那些看不懂这些象征性信条的人们会视之为空洞可笑、无聊啰唆的话。[但是，假如它们得到正确的解释，从而即使对大众也变得清楚明白，那么，人们就会发现它们类似于一些预言，类似于阿波罗的神谕。这时，它们会揭示出一种令人钦佩的意义，并且在博学者的心智中产生一种神圣的激励。]①

为了让人们了解这些象征性信条的最大作用，为了让它们的规劝作用变得明显，我们将按照外传的与口头传讲的方式，不遗漏那些内部秘传而非外传的东西，给每个象征性信条一种解谜或诠释。下面就是需要

① 括号内文字参考扬布里柯《毕达哥拉斯的生平》第二十三章。

加以阐明的一些象征性信条。

1. 在进入神殿做礼拜的时候，既不要说也不要做任何俗世生活之事。

2. 不要粗心大意地进入一所神殿，也不要粗心地敬拜，甚至不要粗心大意地站在神殿门口。

3. 要赤脚进行献祭和敬拜。

4. 不要怀疑一切与诸神相关的奇迹以及神圣的教义。

5. 要离开大路，走在小径上。

6. 拒斥美兰奴鲁（Melanurus），因为它属于尘世之神。

7. 在你追随诸神之时，首先要控制住舌头。

8. 当风在吹的时候，要敬拜声响。

9. 不要用剑去斩火焰。

10. 让你自己远离每个锋芒。

11. 要帮助一个人挑起担子，但不要帮一个人卸下担子。

12. 右脚要先穿上鞋，左脚要先伸到澡盆里。

13. 不要在没有光的地方谈论毕达哥拉斯派的事。

14. 不要在秤杆上行走。

15. 离家远行时不要回顾，因为厄里倪斯[①]会跟着你。

16. 不要对着太阳撒尿。

17. 不要用火炬打扫座椅。

18. 要养公鸡，但是不要用它献祭，因为它献身于太阳和月亮。

19. 不要坐在斛斗上。

20. 不要养带爪子的东西。

21. 不要分裂大路。

22. 不要在你的屋里收留燕子。

---

① Erinus，复仇三女神。

23. 不要戴指环。

24. 不要把神像刻在指环上。

25. 不要在灯光边看镜子。

26. 不要肆意地笑。

27. 不要在献祭的时候修指甲。

28. 不要轻易用右手与每个人握手。

29. 当你起床时，要整理好被子，抹掉痕迹。

30. 不要吃心脏。

31. 不要吃脑子。

32. 唾弃你剪下来的碎发和碎指甲。

33. 不要接收厄里提诺[①]。

34. 在灰烬中抹掉锅的印子。

35. 为了生育，不要接近带金子的东西。

36. 把图形和梯子看得比图形和三个奥卜尔[②]更贵重。

37. 禁吃豆子。

38. 在你的院子里移植锦葵，不要吃它们。

39. 禁吃活物。

所有这些信条都规劝人追求美德；其中某个特定信条引导人追求特定的美德。对于哲学的各个部分和不同分支的知识而言，不同的信条有其各自的适用性。例如，第一个信条把人导向虔敬和关于神的知识。

信条 1

"在进入神殿做礼拜的时候，既不要说也不要做任何俗世生活之

---

① 厄里提诺（erythrinos）是一种鱼，该词来源于希腊语 erythros，意思是"红色的"。《古希腊语汉语词典》在该词条中解释：erythrinos 是"一种具有雌雄两性的鱼"，或许表示该鱼为"雌雄同体"。——中译者注

② 奥卜尔（obolos）是古希腊的一种货币。

事。”这表示：人们应该纯粹和纯洁地对待神圣者自身，用洁净的方式与洁净者沟通，避免把人间俗事带到神圣的礼拜中来，因为这些东西完全是外在的，两者相互对立。这还非常有助于知识的获得。因为对于神圣者而言，知识应该不夹杂人类的臆见或对外在生活的关注。所以，这个箴言无非是嘱咐我们：神圣的道理和圣洁的行为不能与人类之摇摆不定和脆弱不堪的方式和习惯相混淆。

信条 2

第二个信条与前一个是协调一致的，“不要粗心大意地进入一所神殿，也不要粗心地敬拜，甚至不要粗心大意地站在神殿门口”。如果相似者总是与另一相似者友好地联结在一起，那么很显然，由于诸神在大全中具有最首要的本质，我们就应该把对他们的崇拜当作首要的目标。但是，为了其他某缘故才这样做的人却错把万事万物中最优先者摆在次要的行列上了，从而颠倒了整个宗教崇拜和认识的秩序。除此之外，把属于次要的人类功利方面的好处摆在前面是不恰当的，这就是说，让我们人类的事情或观念优先于超越者的地位，这是不对的。

信条 3

“要赤脚进行献祭和敬拜”，这个信条所蕴含的规劝也出于同样的目的。因为这个信条表示，我们应该以谦逊和规矩的方式，而不是以一种俗世的和越出规矩的方式，来崇拜诸神并且获得关于他们的知识。它还意味着：在崇拜诸神和领会关于他们的知识之时，我们应该从束缚中解脱出来，恰当地得到解放。这个信条还带有这种规劝，亦即献祭和崇拜不仅要通过身体来进行，而且要在灵魂的活动中进行，以便这些灵魂的活动既不受情欲的羁绊，也不受身体方面的缺陷的羁绊，而且还不受外在环绕着我们的变易过程的羁绊。属于我们的一切事物都要以恰当的方式得到解放，并努力与诸神相结合。

信条4

“不怀疑一切与诸神相关的奇迹以及神圣的教义”，这个信条也规劝人追求同样的美德。因为这条教义崇敬和展现诸神之超越性，给我们提供了通达神圣的门路，让我们想到我们不应该用我们的判断力来评价神的大能。尽管我们的本性中或许有许多突出的才能，但是，由于我们的俗世生活，由于我们总是处在生长和消亡之中，由于我们短暂的生命，由于各种疾病的影响，由于我们生活环境的有限，由于我们的重心倾向于落在中间，由于梦幻、贫穷、过饱、愚蠢和不听劝告，由于灵魂的一切障碍和其他各种环境，有些事物仍然对我们显得难以理解。我们完全不能达到神的地步，我们既没有他们的能力，也没有他们的美德。

这个信条以特殊的方式揭示了关于万能的诸神之知识。它规劝我们不要怀疑一切与诸神相关的事。此外，它还加上了“神圣的教义”，这就是毕达哥拉斯派的哲学。这些由各种学问和知识所捍卫的教义是真实不虚的，有多方面的证明可以确证，具有必然性。此外，这个信条还能够规劝我们追求关于诸神的知识，有了这种知识，我们在论说诸神的时候就不会盲目。它还规劝我们寻求与神圣教义有关的东西，以及关于它的学问。唯有这种学问才给予研究和沉思一切实在的人以视力和光线。有一件事只有在享有学问的情况下才能得以实现，这件事情就是：不怀疑诸神的本性、实在和能力，不怀疑那些对于未入门者显得不可思议的毕达哥拉斯派学说。所以，“不怀疑”这个训诫相当于“分享并持有”那些你不可不信的东西，即那些学问和科学的证明。

信条5

“要离开大路，走在小径上”，我认为这个信条与前一个信条的目标是一样的。因为这个信条规劝我们放弃大众的或纯粹尘世的生活，吩咐我们追求独立的和神圣的生活。它还表示：要看轻大众的意见，并且看重隐秘的和神秘的东西。这样，我们要轻视单纯俗世的快乐，热切追求符合神圣意志的幸福的处世方式。这等于规劝我们放弃流俗的处世方式，代之以神圣的宗教生活，从而实现对流俗生活的超越。

信条 6

“拒斥美兰奴鲁（Melanurus）[①]，因为它属于尘世之神”，这个信条也与前一个相似。它规劝我们迈向天界之旅，与精神性的诸神相联合，从物质本性中脱离出来，走向非物质的和纯粹的旅程。它还规劝我们以最佳的方式崇拜诸神，尤其要崇拜最重要的一些神。所以，这个信条规劝我们崇拜神，并且追求关于诸神的知识。下一个信条规劝我们寻求智慧。

信条 7

“在你追随诸神之时，首先要控制住舌头。”因为智慧的首要事务是将理性扭转过来，返回其自身，使它不但习惯于向外延伸，而且完善其内部；这种扭转首先是回到自身，然后是追随诸神。因为当理性返回到自身的时候，没有什么东西比诸神更能完善它。

信条 8

“当风在吹的时候，要敬拜声响。”这是一种神圣智慧的标记，它表明：我们应该热爱神圣实在和神圣力量的模仿者，并且变得更像神圣实在和神圣力量，还要用最大的热情尊敬和崇拜他们的活动与话语。

---

① 根据艾利安（Aelian）和苏达斯（Suidas）的说法，美兰奴鲁是一条鱼；不过这个词表示具有黑色尾巴的东西，它很可能被用为某种自然物质的记号。——布里奇曼（Bridgman）

信条 9

“不要用剑去斩火焰。”这规劝我们追求智慧。它使我们产生一种合适的观念，亦即不要对抗充满怒火的人的尖锐言辞。你常常会由于言辞激怒一个无知的人，而且会遭遇到可怕和令人不快的后果。赫拉克利特也证实这个信条的真实性，他说：“与愤怒搏斗是困难的，因为愤怒想要得到任何可能得到的东西，即使付出生命的代价。”他说得没错，因为发泄愤怒的人大大地改变了他们的灵魂状况，使得死亡胜过生命。但是，管好你的舌头，保持安静，那么在纷争中就会出现友爱，愤怒之火焰就会熄灭；你自己也不会显得无理智。

信条 10

“让你自己远离每个锋芒”，这个信条与前一个是协调一致的。无论谁碰到锋芒，他都会受到伤害。这规劝我们要审慎，而不能陷入愤怒中。灵魂的锋芒，我们称为愤怒，它是缺乏理智和智慧的：因为愤怒像火焰上面的热锅一样，将全部理智化成激情，并且失去判断力。所以，一个人应该将灵魂建立在宁静之中，使它远离愤怒，就像不碰铜锣以避免发出声音一样。故而激情应该得到理性的抑制。

信条 11

“要帮助一个人挑起担子，但不要帮一个人卸下担子”，这个信条规劝我们寻求坚韧。挑着担子的人表示承担劳苦的人，卸下担子表示休息和安逸。这个信条意味着：既不要让自己，也不要让别人染上懒惰和柔弱的处世方式，因为每一种有益之物都是通过劳动获得的。毕达哥拉斯派称它为赫拉克勒斯式信条，它已经被赫拉克勒斯的辛劳所确证。赫拉克勒斯经常投身于巨大的危险中，而且拒绝安逸。正确的处世方式得自工作和劳动，而不是得自怠惰。

信条12

“右脚要先穿上鞋，左脚要先伸到澡盆里”，这个信条规劝人寻求实践智慧。因为它劝告我们把正直的行为放在右手边，把该抛弃的坏行为放在左手边。

信条13

“不要在没有光的地方谈论毕达哥拉斯派的事”，它专门规劝我们寻求有智慧的理性。它就好像灵魂中的光一样，给无边界者划定界限，带领它们从黑暗走向光明。所以，把理性看作生活中一切美好事物的统领是对的，这尤其符合毕达哥拉斯派的学说；这些东西在没有光的情况下不可能被认识到。

信条14

“不要在秤杆上行走”，这规劝我们按正义行事，尊重公正和适度尤甚于其他东西，认识到正义是最完满的美德，其他美德乃是对正义的补充，其他美德没有它就不会有任何益处。它还规劝我们要通过定理和科学的证明而不能只是肤浅地认识这种美德。然而，这种知识不是别的技艺，就是毕达哥拉斯派哲学，它比其他任何学问都要高一个层次。

信条15

“离家远行时不要回顾，因为厄里倪斯会跟着你”，这个信条与前一个具有同样的效果。因为它规劝人们寻求哲学，以及按照理性的自主，这个信条还清楚地表明探索哲学的人必须脱离一切物质性和感性的东西，真正地沉思死亡，义无反顾地投入到理智和非物质的实在之中，它们是永恒自身持存者。旅行是一种位移，但是死亡是灵魂从身体中分离出来；如果我们不借助感性和物质性的活动来进行真正的哲思，而是使用纯粹理性来领会真正实在的东西的真实性，那么，被称为智慧的东西乃是可以达到的。既然献身于哲思，就不能半途而废，不能回到先前你所浸淫其中的物质性事物的领域。因为这种回撤会带来巨大的悔恨，而且物质性事物的黑暗性对于真正领会事物会带来严重的阻碍。这种悔恨就叫作厄里倪斯。

信条 16

“不要对着太阳撒尿”，这规劝我们不要做任何野蛮的事，相反，要去沉思天空和太阳，思索照亮你的道路的真理之光；并且注意到，在探索哲学的时候不要让任何低贱的东西主宰你的心智，而是要通过沉思天界的事物上升到诸神与智慧之境。投身到哲学探究之中，通过蕴藏在哲学中的真理之光来净化你自己，全神贯注于这个事业，把握神学[①]、自然哲学[②]、天学[③]和其他的“原因科学”[④]，它们胜过其他一切学问，不要做任何野蛮和愚蠢的事情。

信条 17

“不要用火炬打扫座椅”，这个信条也是为了达到同样的目标。因为火炬具有净化的本性，它像硫黄一样很容易着火，因此被说成是神圣的；这个信条规劝我们不要玷污火炬，因为它具有去污的本性。而且，这个信条还规劝我们不要玷污那种不容玷污的东西，违反它的本性。更重要的是，不要把智慧的特性与动物性相混淆。由于火炬的光明，它可以比作哲学；而由于座椅的低下，它可以比作动物性。

---

① theologia.

② physiologia.

③ ta sphairika.

④ aitiologia.

信条 18

“要养公鸡，但是不要用它献祭，因为它献身于太阳和月亮。”这个信条规劝我们养育而不要忽视那些会死亡和毁坏的东西，因为它们是宇宙之统一性、相互关联性、共通感受性和协调一致性的有力证据。它规劝我们把握哲学和关于宇宙之沉思。关于宇宙的真理从本性上是晦涩的，难以探究，不过它仍然有待人们主要通过哲学去探索和发现。因为通过其他的途径几乎不可能发现它。哲学从自然中领受特定的火花并且把它光大为火焰，通过它所含有的各种学问或知识使它们更有活力。因而，我们应该进行哲思。

信条 19

“不要坐在斛斗上”，根据前面所述，这个信条尤其表明了毕达哥拉斯派的特征。因为滋养物要用身体性和动物性去衡量而不是用斛斗去衡量，不要懒惰，也不要对哲学保持未入门状态；反之，要将你自己献身于哲学事业，关注你自己的神性部分，亦即灵魂，更要关注灵魂中的最高部分，亦即理性，它的滋养物不是通过斛斗来衡量的，而是通过理论和学识来衡量的。

信条 20

“不要养带爪子的东西”，这个信条尤其属于毕达哥拉斯派。让自己变得慷慨和有集体心，让自己在给予和接受的时候没有吝惜和嫉妒；既不要永不知足地攫取每个事物，也不要把任何东西都给予出去。因为有爪子的动物的本性就是可以迅速和容易地抓取东西，但是不容易舍弃东西或将东西授予他者，因为它们弯曲的爪子是坚韧的，正如钩子被造成这样是为了方便钩住东西，但是除非向前松开否则不容易脱开。因为自然将双手赋予我们，以便我们按照法度进行给予和接受，自然还给予我们直的而不是弯的手指，因而我们不要模仿那些具有弯曲爪子的动物；反之，要相互传递，像给万物命名的人那样。把右手称作比左手更优秀，这不仅因为它更有能力获取，而且因为它更有能力给予。因而，我们应该公正地行事，并且要进行哲思：因为正义就是一种偿还和归还，通过相互的馈赠而平衡富余和不足。

信条 21

"不要分裂大路"，它表明真实①是"一"，而虚假②是多种多样的。很显然，如果我们要正确地进行言说，那么，每个事物之所是只能以唯一的方式得到表述，但是，每个事物之所不是却能以无穷多的方式来表述。这"大路"指的就是哲学。所以，这个信条表明：选择其中没有分歧的哲学以及通往哲学的道路，在其中你不会遭受矛盾的学说；要追求通过数学和沉思所确证的、稳固的东西，即按照毕达哥拉斯的方式进行哲思。这的确是可能的。但是建立在物质的和感性的事物之上的所谓哲学，亦即心智不成熟者所持有的哲学，它教导说：神、各种性质、灵魂以及各种美德，总之，事物的基本原因，它们都属于物质方面。这种哲学是脆弱的和容易驳斥的；那些有识之士的各种反驳表明了这点。相反，建基于非物质的、理智的和永恒的实在之上的哲学总是自身同一的，永不变更的；这种哲学与它的对象类似，乃是一贯的和稳定的，充满确定和不可动摇的证明。所以，这个信条规劝我们，在我们进行哲思的时候，要远离物质性的、多样的和可见的事物，将自己投身于非物质的实在，因为它们本性上就具有真实性和不可动摇性。

信条 22

"不要在你的屋里收留燕子"，这规劝你不要允许懒散的、不能持

① to alethes.

② to pseudos.

之以恒的和不能坚定地跟随毕达哥拉斯派系的人接触你的教义。因为，由于这些学问的广泛和深奥，它们需要极大的热心和理智的劳累。这个信条用燕子来比喻懒散和不能持之以恒的人的形象，因为这种鸟在一年里面只有一个季节来我们这里并且只待很短的时间，却在很长时间内不在我们的视野中。

信条 23

“不要戴指环”，毕达哥拉斯派欣然接受这一点，它带有以下这种规劝：一个指环像锁链一样环绕在佩带者的手指上，不同的是，它并不夹疼手指，而是刚好合适，就像本来就属于手指一样；身体对于灵魂而言就是这样一种锁链，所以，“不要戴指环”意味着：真正地进行哲思，让你的灵魂从围绕在其上的束缚中脱离出来。因为关于死亡之沉思，关于灵魂与身体的分离之沉思，就是哲学。所以，要用最大的热情来修习毕达哥拉斯派哲学，它通过理性将灵魂从一切物质性的东西中分离出来，只通过理论性知识与可理知者①打交道。涤除你的过错和阻碍你进行哲思的东西，也就是身体方面的羁绊，过度吃喝总是拖累身体并带来疾病与烦扰。

信条 24

“不要把神像刻在指环上”，这与前一个观念是协调一致的，包含着这样的一种规劝：要思索诸神并把他们认作一种非物质的实在。这是毕达哥拉斯派教义的基本原则，几乎所有教义都建基于这点之上，并且将这点贯彻到底。所以，不要认为诸神会以物质的样式出现，也不要认为他们可以被物质的东西所承载，就好像动物可以被链条锁住一样。指环上的雕刻表现了这种存在于指环上的束缚，它的物质性和感觉形式，

① ta noeta.

那个图像使得诸神看上去像是各种动物中的一种；但是，我们尤其要将诸神的种类与动物区分开来，他们是可理知的和永恒的，按照同一方式根据同一目标永远自身持存，正如我们专门在《论神》[①] 的文章中所充分表明的那样。

信条 25

“不要在灯光边看镜子”，这种毕达哥拉斯式的规劝使我们思考到这点，即不要追求感官的幻象[②]，它像灯一样产生一种理解事物的光，然而它既不是自然的也不是真实的；反之，我们要按照理性发展出科学的观念，因而在灵魂的眼睛中产生的一种明亮的和不灭的光，它出自一切可知者以及关于这些可知者的沉思，从而维持一种固定的和科学的理解和知识，而不是出自一直处在流变之中的物质性和感性的事物，从而在任何方面都不稳固，不依据自身而持存。

信条 26

“不要肆意地笑”，它表明我们应该通过理性征服和控制情欲，并且限制人类本性中易变的和不稳定的部分。所以，我们要服从理性的命令，不以物喜，不以己悲。这个信条在一切情绪中首先提到笑，因为它最容易表露出来，它像开花和着火一样，反映在面部表情上。或许还因为在各种动物中笑是专属于人的，故而有些人将人定义为能够笑的动物。这个箴言明显地说明，我们不应该一直处在单纯的人的状态，而要尽可能变得像神，通过哲思并且放弃人的行为特征和习惯，并且更看重理性的部分而不是感性的部分，通过理性的部分我们才得以与动物相区分。

---

① 可惜这篇著作没有流传下来。

② phantasia.

信条 27

“不要在献祭的时候修指甲”，这是规劝人追求友爱。在我们的亲属中最亲近的是兄弟、儿女和父母，他们就好像我们身上的某个部分一样，如手指、手臂、耳朵和鼻子之类，在失去他们的时候不可能不感到疼痛；但是，那些离我们更远的亲属，例如，堂兄弟的儿女，或者叔叔的儿女，或者通过联姻结成的亲戚，他们可能类似我们身体中另一些部分，在切掉的时候不会感到疼痛，例如头发和指甲之类。所以，这个信条把那些与我们的关系比较遥远的东西说成“指甲”，并且说：不要完全疏忽这般东西；反之，在献祭的时候要关注他们并且维新你的最亲近者，即便其他时候他们为你所疏忽。

信条 28

“不要轻易用右手与每个人握手”，这个信条表明：不要轻易伸出你的右手，即不要轻易把右手伸向那些不适宜和未受启蒙的人，以尝试将他们提拔到毕达哥拉斯团体中来。对于那些没有接受学识和教义方面的试验的人，对于那些没有自制力的人，还有那些经不住五年沉默和其他试验的人，不可以向他们伸出右手。

信条 29

“当你起床时，要整理好被子，抹掉痕迹”，这个信条所规劝的是：在学习和实践哲学的过程中，你将认识到理智和非物质的实在。一旦你从无知和黑暗的睡眠中醒来，就像从黑夜中醒来一样，不要把任何物质性的东西带到哲学的阳光下，而要从你的记忆中抹掉无知的睡眠留下的所有痕迹。

信条 30

“不要吃心脏”，这表示：把宇宙的统一性和一致性割裂开来是不对的。它还规劝：不要嫉恨，要仁慈和富有团结心。因而，它规劝我们探索哲学。因为在所有科学和技艺中唯有哲学不嫉妒他者的优越，也不幸灾乐祸；它宣称一切人在本性上联系在一起，具有相通的感受，处在同样的运气里面，对未来具有一样的无知。因而，这个信条规劝我们要怀有同情和互爱，真正具有团结心，因为我们是有理性的动物。

信条 31

“不要吃脑子”，这与前者相似，因为大脑是理性活动的主要器官。这个信条隐约表示：我们不应该轻视或歪曲那些经过深思熟虑的事情或教义，这些东西得到理性的考察和斟酌，也就相当于被科学所把握到的东西。因为这些东西不能通过灵魂中非理性部分的器官来领会，亦即不能通过心脏和肝脏来领会，而只能通过纯粹理性的部分来领会；因而，不同意这点是愚蠢的。这个信条规劝我们，要尊重理智的源泉，与理智能力关系最密切的器官，我们通过它来获得理论、知识和普遍的智慧，通过它来进行真正的哲思。

信条 32

“唾弃你剪下来的碎发和碎指甲”，它表明有些与生俱来的东西实际上是无生命力的，它们是可鄙的，而那些与灵魂更接近的东西则是更值得尊重的：所以，当你献身于哲学的时候，尊重那些通过且只通过灵魂和理智，亦即通过理论科学，而无须通过感官就可以得到证明的东西，反之看轻并唾弃那些不是通过理性之光而是通过天生就有的感官而感觉到东西，这些感官没有能力达到理性的永恒性。

信条 33

“不要接收厄里提诺”，这个信条看来只表示 erythrinos 这个词的词源含义。它表示：不要接纳厚颜无耻的人，也不要接纳那种由于缺乏理智能力而显得谦卑过头、大惊小怪并且对什么事都脸红的人。所以这则信条并不难理解：不要让自己成为这样的人。

信条 34

“在灰烬中抹掉锅的印子”，它表示：献身于哲学研究的人必须忘记借助有形事物和感性事物而得到的证明之混淆和模糊性，而只使用从理智性事物而得到的证明。“灰”在这里表示构成数学图表的粉笔灰的或沙子，借助它们一些证明得到展示。

信条 35

“为了生育，不要接近带金子的东西”，这并不针对女人，而是针对那些哲学的宗派，它们过分沉迷于物质性的东西，有一种向下堕落的倾向。因为金子是世上最重的东西，它最有可能落到中心，这是物质性的东西之特性。“接近”这个词并不只表示“相联系”，而且还表示“趋向”，以及“落在附近”。

信条 36

“把图形和梯子看得比图形和三个奥卜尔更贵重”，这规劝我们进行哲思，不要肤浅地而要彻底地培养数学知识，它们就好像梯子上的横杠一样，我们借助它们可以攀升到最高的目标。此外，要看轻被大众所看重的那些东西；并且，要尊重那种沉思非物质的东西自身的意大利哲学，它比主要考察物质性事物的伊奥尼亚哲学更优越。

信条 37

“禁吃豆子”，这规劝我们注意一切有碍于我们与诸神和神谕进行沟通的东西。

信条 38

"在你的院子里移植锦葵，不要吃它们"，锦葵表示朝太阳转动的植物，它值得我们去仔细考察。这个信条还说到了"移植"①，这就是说，要考察它的本性，它朝向并通感于太阳的倾向，但是不要满足于这点，不要停在那里，而要像移植锦葵一样将你的观念迁移到同类的植物，以及不同类的动物，还有石头和河流，简言之，迁移到一切自然存在。你将发现它们是丰富多样的、数量惊人的。从锦葵出发，从根部和主干出发，你将会发现宇宙的统一性和协调性之意义。因而，不仅不要疏忽这种考察，还要通过"移植"而增加和扩充这种考察。

信条 39

"禁吃活物"，它规劝人们追求正义，合适地对待自己的同类，同情与我们相似的生命。

通过前面所有解释，我们揭示了这样一种通过包含毕达哥拉斯和其他许多古人的信条来进行规劝的方式。由于我们已经阐明了所有的规劝方式，我们在此就这个主题结束我们的论述。

---

① metaphyteue，此字疑与下文的"本性"（physis）形成同源字关联。——中译者注

附录一 毕达哥拉斯的《金诗》

英译者说明：被归到毕达哥拉斯名下的著名的《金诗》（或译《黄金韵文》）正如多数批评家所说的那样，可能并不是毕达哥拉斯所创作的，但是，这些诗句包含了毕达哥拉斯哲学的概要，它以和谐、优美和简洁的形式清楚地阐述了他的主要训诫。如果这些训诫得到实践，其结果会在人生中导致一种道德和理智上的革新，这会带给人类不可估量的益处。《金诗》已经被广泛编辑和翻译成多种语言。尊敬的牧师约翰·诺利斯（Rev. John Norris，他是一位德高望重的柏拉图主义思想家，撰写了深奥难解的《论可知世界》一文）提供了一个出色的英语译本，发表于1682年，为满足希望看到整个诗篇的人的要求，现在重印于此。[①] 希尔洛克勒（Hierocles）[②] 的《毕达哥拉斯〈金诗〉评注》是一篇优秀的伦理学方面的论文，非常值得深入研究。

敬重不死的诸神，敬守誓言，
如法所定。敬拜卓越的英雄
与地下的神灵，礼俗周全。

---

① 我们这里提供的中译文参考了诺利斯的英文本和其他几种英文本，对照古希腊原文进行了修订。——中译者注

② 希尔洛克勒是亚历山大里亚的一位新柏拉图主义者，活跃于公元430年前后。——中译者注

尊敬父母以及至亲；
对于其他众人，则应与德行至高者为友；
听其善言，受其益助。
勿因小小过错而厌弃你的朋友，
尽你所能；因为超出能力就是强迫①。

要懂得以上这些事，还要习惯于控制以下这些：
包括贪吃、贪睡、色欲
和愤怒；永远不要做可耻的事，不论与人共处
还是独处。在一切事物当中，要尊重你自己。
在行动和言语上都要讲究正义，
不要让自己愚蠢地做事，
要认识这点，也就是所有人都注定会死，
而财富却倾向于得失无常。
承担天命降给凡人的厄运，
要忍耐，而不要抱怨。
竭尽所能进行恢复，但也要晓得，
命运不会把许多灾难降给好人。

摆在众人面前的有善言也有恶论，
既不要轻易赞赏，也不要

① “尽你所能；因为超出能力就是强迫”这行诗句的希腊原文颇为费解。前面半句（ophra dunēi）被多个英文本忽略不译。后面一句（dunamis gar anankēs enguthi naiei）则通常被直译为“因为能力与必然性（必需）相邻”（“For ability is near to necessity”，或“power is a near neighbour to necessity”），让人费解。我所见离字面意思最远的译法是“For autonomy is qualified by circumstances”。我想，原文中“能力与必然性相邻”的意思应该是“超出自己能力的范围，就要接受外在的强制”，因为希腊文“anankē”（必然性，必需）本身就有“强制性”或“强迫性”的意思。——中译者注

轻易责难；遇到错误言论，

保持容忍。我下面告诉你的这些，要完全做到：

不要被任何人所引诱，无论是通过行为，

还是通过言语，去做或说对你不是最佳的事情。

先想而后行，以免做出蠢事。

愚蠢地做事和说话的人是可鄙的。

要做那些不令人后悔的事。

永远不要做你不知道的事，

而要学习你所应当知道的，这会使你过上愉快的生活。

不要疏忽身体的健康，

要适度饮食，还要适度锻炼，

我说的适度，就是不至于伤害。

要使你自己习惯于纯洁和节俭的生活方式，

警惕那些会引起人嫉妒的东西，

不要浪费光阴，像对高尚之事一无所知的人那样，

也不要做吝啬之人。适度对任何事都是最好的。

只做那些不会伤害你的事，先思而后行。

不要关上眼帘去睡觉，

除非对白天所做的事省察三遍：

“我哪里出了差错？我做了些什么？我遗漏了什么应该做的事？”

如果在这个省察中你发现已经做错事，严厉地谴责自己，

如果做了好事，则保持愉快。

要做这些事，想这些事，并且热爱这些事：

因为它们可以把你带到圣德的大道——

我凭着那个把“四元”[①]传达给灵魂的自然之源泉起誓。

要为你所从事的工作祈祷，

向神祈愿达成。当你掌握了这些事，

你就会知道不死的诸神和凡人的体系[②]。

知道何者贯通一切，何者主宰一切。

你将懂得，本性[③]对于一切事物皆同，这是恰当的。

这样，你就不会期盼那不可期盼的，并且不会遭到任何蒙蔽[④]。

你还将懂得，凡人给自己带来灾祸，

他们既看不见也听不到身边的善，

很少人知道怎样将自己从各种恶中解脱出来。

这就是庸人的命运，摧残他们的心灵。

他们在来回转动的磨盘上颠簸，承载着无穷的灾难。

与生俱来的“纷争”困扰着他们，他们却浑然不知，

对于纷争，切不可挑拨它，而要向它让步，逃避它。

宙斯，万有之父！把人类从所有的恶中解放出来吧，

向所有人指明，他们可以享有什么灵命。

鼓起你的勇气吧！因为凡人也是似神的种族，

神圣本性向他们显明了一切。

如果你得以分享这种本性，你将成就我所吩咐的一切，

治愈你的灵魂，摆脱诸恶，得到拯救。

要禁吃我曾提及的那些妨碍净化

---

① tetraktun.

② systasis.

③ physis.

④ lanthanein.

和解救灵魂的食物，
让理智[①]作为你最高的向导
来判断和阐明每个东西。
在脱离身体之后，你将到达自由的以太，
成为一位不死和不灭的神，永垂不朽。

① gnome.

附录二 扬布里柯的若干残篇

摘自《致马其顿尼奥斯（Macedonios）的书信》，论命运[①]

1. 一切存在者都归属于“太一”[②]，即使第一存在者自身也直接来自太一。那些普遍性原因更应该把它们的能力归功于太一。这些原因受到优先于多的最高本原的支配，通过单一的结合物而联系在一起，并且以和谐一致的方式运动。按照这种学说，由于自然之原因是多种多样并且依赖于各种原则的，而多依赖于一个普遍的原因，一切事物都通过一个纽带联结在一起，诸多原因的纽带或链条属于最普遍原因的能力。所以，这个“一”乃是从“多”中建构而成的纽带。这个“一”既不是在这种联结之后产生的附加的联合体，也并不分散在众多个体事物之中，而是按照其自身预先蕴含的各个原因之脉络，贯穿一切事物，将它们联结到自身之中，并且让它们与自身保持一致。因而，命运或许可以界定为将其他各种秩序包含在自身中的一个最高的秩序。

2. 灵魂的本质是不死的、独立的、非物质的和无生无灭的，它自身存在并具有生命，它自身运动并且是自然和一切运动的原则。由于灵魂具有这样的特征，它独立于身体而自身就蕴含有生命。所以，由于它自身投入到生成变化中的事物，因而经受宇宙的变革，它也就受到命运

① 参见斯托巴欧斯（Stobaeus）《物理学、辩证法和伦理学摘录》第一卷第六章和第二卷第八章。

② to hen.

的安排，成为自然之必然性的随从。但就其独立地运用其理性的能力而言，它出于自身的缘故而自愿地行动，领会神圣的、美好的和可知的东西。

3. 对于我们而言，过一种理智和属神的生活乃是合宜的，因为唯有这点给予灵魂以无限制的能力，将我们从必然性的捆绑中解放出来；让我们不仅过一种纯粹俗世的生活，而且也过一种神性的生活，这种生活自然充满了神圣的益处。

4. 总而言之，由命运所产生的世界上的运动与理智世界中非物质的和理智的实现活动和运转乃是相似的，命运之秩序为理智的和纯粹的秩序树立榜样。但是，下一层次的原因归属于首要原因，生成中的群体归属于不可分的实在，并且，由命运所决定的一切东西都与先行的天意[①]关联在一起。所以，出于同一个实在，命运[②]与天意相互交织，天意出于其本性也就是命运，它出自命运并围绕着命运。正由于这些，人类行为的原则与宇宙的这些原则，亦即天意与命运，相互协调。但是，我们还有一种行为的原则，这就是理性的灵魂，它是独立于自然的，不服从于宇宙的运动。正因为如此，它并不被宇宙的运动所包含。因为灵魂服从它自身的运动方式，而不是宇宙的运动方式，它在命运之上；而且，因为宇宙并不影响灵魂，它属于更高的秩序，但是，由于它被分配到宇宙的各个部分中去，并且从所有元素中领受了特定的份额，并且为所有这些元素所运用，故而，灵魂也就被包含在命运的秩序里面，它的活动也就与命运相关联，为命运所安排和使用。就灵魂自身包含一种纯粹和自在的理性而言，它是独立的和自动的，自身推动自身，所以，它不受所有外在事物的限制。但是，由于灵魂承载着其他生命，它就落入生成过程中并且与身体相联合，所以，它与宇宙的秩序相交织。

---

① 希腊语的 pronoia 有“前识”“先见”的意思，转义为“天意”，恰如英语的 providence。——中译者注

② he heimarmene.

5. 如果有人认为偶然[①]和运气[②]的引入会破坏秩序，那么，就应该让他知道，宇宙中没有任何东西是无秩序的和不和谐的，也没有任何东西没有原因、规定性和目的，也没有任何东西从无中产生，或依照偶然性产生。所以，秩序和原因序列不会被运气所破坏，诸原则的统一性也不会被它破坏，贯穿到一切事物中的根本主宰也不会受到运气的破坏。所以，我们毋宁把运气界定为更高层次的事物之秩序，对于更低层次的事物，由于它是各个事件的监视者和伴随的原因，处在它们之前，因而，我们有时称运气为一位神，有时又称之为灵命[③]。当有一种事件的更高层次的原因，那么，神就是它们的原则或主导者。当只有自然的原因时，神明就是它的原则或主导者。所以，所有事情都永远来自原因，没有任何东西产生于缺乏秩序的情况。

6. 为什么分配物与应得的价值明显不相符？这个驳斥不是并不恰当，因为真正的好东西只依赖于人本身和人的选择，其中最主要的部分取决于人的筹划。这个问题来源于大众的无知。除了美德自身之外没有什么东西能够产生出美德。正直和有美德的人不会受到运气的妨碍，因为他的灵魂的伟大使他超越于任何的意外。坏东西不会出现在他身上，因为这违背他的本性，因为灵魂的卓越和完善确保了人的最高原则。实际上，看似坏的和不利的事情反倒捍卫和发扬美德；没有这些东西人们就不可能变得正直和高尚。所以，正直的人的本质特征就是把美德看得比所有事物更高，只把理性的完善看作幸福的生活，其他事情都无关紧要。所以，灵魂构成了真正的人，而灵魂是理智的和不死的，它的美、善和目的都存在于神性生活之中。没有任何可朽的东西可以助长完满的生活或减少它的幸福。简言之，我们的幸福在于理性的生活，没有任何居间者能够增加或毁灭幸福。为人们所赞颂的运气和廉价的献祭实际上

① tautomaton.

② tyche.

③ daimon.

徒劳无用。

摘自《书信》，论节制[①]

1. 每一种美德都看轻一切有死的种类，而看重不死的东西。尤其是自制[②]这种美德的目标，它看轻那种将灵魂捆在身体上的快乐，并且坚定地奠基在圣洁的位置，正如柏拉图所说。[③]

2. 节制怎么会不使我们变得完善，使我们全然拒斥不完善和情欲呢？你只要想一下就知道这是一个实情，例如柏勒罗丰（Bellerophon）的故事，他在节制的帮助下摧毁了奇美拉（Chimaera），以及各种野蛮凶恶的东西。简言之，情欲的过分统治妨碍了人成为人，让人堕落为非理性的、野蛮的和缺乏秩序的存在。

3. 法度和良好秩序将快乐限制在恰当的比例范围之内，以保护家庭与城邦，正如克里特人的谚语说的那样。此外，它还以某种方式让我们更接近神的样式。因而，帕尔索斯（Perseus）通过雅典娜的引导，到达了最高的节制，砍断戈耳工（Gorgon）的头。我认为戈耳工的头所表示的就是把人拉到物质层面的欲望，它通过大量让人变得愚蠢的经验使人们变得像石头一样。

4. 所以，美德的根基，正如苏格拉底说的一样，就是对感性欲望的控制；正如柏拉图所断言的那样，节制可以被认为是一切善的模式。在我看来，这种美德是巩固下来的好习惯。

5. 我非常自信地断定，节制之崇高贯穿一切美德，将一切美德联结在一个和谐的统一体中，把合适的比例输送给它们，并且将它们彼此联结起来。所以，节制具有这样一种特征，以致它可以帮助其他美德的树立，而且，当其他美德得到树立之后，它给予它们永久的保护。

---

① 参见斯托巴欧斯《文选》第四卷第61节和第五卷第136节。

② sophrosune.

③ 参考柏拉图《斐德罗》254b。

6. 一年中各个季节的构成，以及各种元素彼此的混合，它们都需要保持有一种和谐或者保持美的、有节制的协调。正是因为它具有这种最美比例的秩序或特征，它才被称作“宇宙”[①]。

7. 所以，我断定灵魂中的所有能力也是如此，也就是说，意气、欲望和理性按照等级而彼此保持着一种对称性或恰当的比例。就此而言，如果主宰者与被主宰者的划分乃是合宜的或正确的，节制就会具有多种形式。

摘自《致阿斯法理奥（Asphalios）的书信》，论智慧[②]

这个论证显明了作为主要美德的智慧[③]指导着各种美德，把秩序、尺度和最恰当的品性分派给各种美德，就好像理智之眼通过理智之光观察到出现在它前面的对象一样。这样，先行存在的智慧从一种纯粹和完满的理性中得到其根源。所以，它关照这个理性，通过理性而得到完善，把它当作其所有活动的尺度和最好的模式。如果说我们与诸神还有一种沟通的话，它特别借助于这种美德；通过智慧，我们在最高的程度上变得与诸神相似。关于这些事情的知识是有益的和美好的；对我们应该做的工作进行判断和纠正就是在它的指导下进行的。简单说来，智慧就是人和整个自然秩序的一种执行主管，它把城邦、家庭和每个人的生活都引向神性的模式[④]，按照最好的相似性来塑造它们，把有些东西清除掉，同时使有些东西得到净化。所以，智慧使它的拥有者变得更像神。

摘自《致 Sopater 的信》，论真理[⑤]

“真理”（Aletheia），恰如这个名称所表明的，它使人皈依诸神和

---

① 希腊语 kosmos 有“秩序”“模样”和“装饰物”的意思，又引申为“宇宙”或“世界”。——中译者注

② 参阅斯托巴欧斯《文选》第三卷第 55 节。

③ phronesis.

④ paradeigma.

⑤ 参阅斯托巴欧斯《文选》第十卷第 14 节。

诸神之纯粹的实在性；反之，如柏拉图所说，“臆见性模仿”[①] 是一种“影像制作”[②]，徘徊在黑暗和非神性的领域。一方面，真理处于理智和神圣的诸形式之中，真正的实在永远在自身持存中成全自身；另一方面，臆见性模仿却关注无形式的、非实在和变动不居的东西，因而它的观察力是迟钝的。一方面，真理乃是对实在自身[③]的沉思；另一方面，臆见性模仿只领会向大众表现出来的表象。所以，真理与理性相关联，并且增长我们的理性能力；而臆见性模仿只关注看似如此的东西，猎取无理智和欺骗性的东西。

[柏拉图以多种方式来考虑“真理”。按照他的学说，最高的“真理”被描述为“一”，它是从“善”中发出来的光，将纯粹性和一致性输送给各个可知者。在地位上稍低一点的“真理”来自于可知者，它照亮精神的秩序，以及无形、无色和不可触摸的实在，这就是“真理”之所在的层面，正如《斐德罗》中所写的那样。第三种“真理”与诸灵魂具有共属性，它通过理性与真正的实在相沟通。灵魂之光乃是从可知者产生出来的第三者，理性从理智之光中衍生出它的充实性，灵魂则从精神之光中获得它的充实性。最后一种“真理”是感觉中的东西，它由于感觉的缘故而充满错误和不准确性，它的对象也充满不确定性。因为物质性存在总是流动的，永远不会有停留下来的时候。——托马斯·泰勒]

---

① doxomimetike.

② eidolopoiia.

③ auto ho esti.

附录三 普罗克洛关于占星神谕的评注（摘录）

1. 永恒的秩序是诸神之殿堂与居所，“天父”[1] 之秩序是天父的“全方位的殿堂”，它接纳并联结上升的灵魂。天使的秩序以特有的方式把灵魂向上引导，“它照亮灵魂”，正如神谕所说，从各个方面将它照亮，并且使它变得充满纯洁之火，它将永恒和宁静的秩序与力量传达给它，因此它就不会陷入物质性的无秩序之中，而会与神圣者的光芒相联结。这就使它维持在其自身的位置上，使它不会与物质相混合，通过加热来提升灵气[2]，并且通过原初的生命将它提高。因为灵气的加热也就是生命的授予。然而，它由于疾驰到天界而得到完全的提升，犹如由于坠落而被拽入流变的物质界。但是，上升的目的是对于神圣果实的分享，以及用神圣火焰来充满灵魂，这也就是诸神的视域，灵魂就这样被置于天父的眼前。

依照神谕，赞颂神圣者的灵魂得到成全，它传达出天父之不可言喻的征兆，在这个灵魂中，天父置入了实在之最原始的步伐。因为这就是上升之灵魂的理智和不可见的赞歌，它唤醒“和谐原则”的记忆，承担着属于神圣者之大能的难以言喻的影像。

2. ［灵魂之不朽的深邃性应当成为主宰，要让你的眼睛急切地向

① Pater.

② pneuma.

上看。——占星神谕]

神谕说，灵魂的深邃性就是它的三重颖悟能力：理性、思维和臆见；“一切视觉”都是灵魂之三重颖悟能力的实现活动。因为视觉是认识的标记，而生命是欲望的标记；它们各自都是一个三合体。然而，心脏必定由之托起的大地，它代表着生成变化中的一切物质和可变事物，也就是所有物质形态。接下来神谕说到了天父的唯一视域，与此视域相关的圣洁的愉悦，以及出自这种理性俯瞰的安宁。

很显然，我们这个视域的优越性出自运动和天生的愉悦之间的结合。因为每个生命都拥有易于释放的能量，并分有相应的快乐。对天父的赞颂不在于编织言辞，也不在于准备圣仪。因为作为唯一的不朽者，它不会接受一种可朽的赞颂。所以，让我们不要设想我们可以通过一种奇异的言辞来说服真道理的主人，也不要通过展览或带有虚伪礼仪的游行来说服它。因为神喜爱简单和不加装饰的东西。所以，让我们模仿神，使自己变得像神，通过这个方式来侍奉和赞颂神。让我们离开这个暂时的尘世，让我们进入真正的目标，让我们认识主人，让我们热爱天父并且信靠他的召唤，让我们趋向温暖并且远离寒冷。让我们变成火，让我们带着火上路。我们有一条上升到天父那里的捷径。天父会进行引导，指明火的道路，免得我们流淌于“忘川”之中。

3. 身体是恶之根，正如理性是美德之根。因为美德开放在天界的灵魂中，恶坠落到下界的灵魂中。既然诸恶必然卷入这个领域，那么，坠落到地面的恶使灵魂毫无阻挠，无所不至，它置于整个变易者的领域中。我们的身体也属于变易者的部分，但是我们的另一部分，也就是灵魂，可以不受变易的支配，然而它也不能征服整个变易的领域，除非我们毁灭实在①本身。所以，我们必须把嫉妒和嫉恨归于变易的物质界。物质性的东西把物质当作滋养者。“不可毁灭的心”所表示的并不是暂

① to einai.

时的不可见性，正如被限制在特定存在者之中的所有倾向，它自身充满了热，它不再封闭在自身内部，而是释放出来。因此，神谕又说："不要通过里面的和蕴藏的东西来玷污精神。"但是，嫉恨是物质性的，它与"善之匮乏"处在一起。"匮乏"[1] 又与未生成的物质共存。但是，神造的种族是慷慨的，它致力于对神之卓越性进行热切的模仿，它不能被拉到凡人的好斗和仇恨中来。但是，这些情欲被封在灵魂里，它们把一种物质特征传达给精神，使精神充满物质性匮乏和无生命性。

4. 灵魂按照它自己的思维而持存，并且认识到诸实在。但是，它将自己的真正家园安置在本己的理智之中，它通过单纯和不偏不倚的直觉领悟一切。灵魂上升到太一，将一切"众多"都纳入到自身之中，它热切地实现自身并与超越理智者相联结。因为相似者在每个场合都与相似者在本性上相互联结。每个认识都由于相似性而与被认识者相联结，被感知者与感知力相联结，被思考者与思考能力相联结，被直觉者与直觉能力相联结，超越理智的东西与理智之花朵相联结。在其他事物中，不是理智，而是先于理智的原因才是最高的，所以，灵魂中的第一种能力不是理智，而是比理智更高的东西。每个灵魂和每个理智都具有双重的活动，一方面是比理智更优越的活动，另一方面是理智性活动。所以，有必要领会这种就自身而言的理智，最高的理智，在其中我们的眼睛不再看到其他的生命和力量。因为，当我们通过变易的理智形式领会理智，那么，我们通过变成单一形式而上升到"一元"，驻留在理智自身的顶点——因为眼睛只有在变成太阳的形式的时候才能看到太阳，它在火光中看不到太阳。

此外，很显然，这种可知者不能通过推理过程来领会。但是，正如神谕说的，如果你应用你的理智[2]，你就会通过理智直觉到可知者，因

① he steresis.

② nous.

而，你会像领会某些特殊事物一样领会到它。也就是说，如果按照某种形式或知识的尺度，你不会把握到这个可知者。无论这个理智活动多么简单，它们都不具备可知者的简单性，它将落入理智的第二个层次，进入众多可知事物之中。因为没有知识的对象是通过更低层次的知识来认识的：所以也不可能通过理智来认识高于理智的东西。因为理智一旦投向某个事物，就宣称这个或那个事物被领会到了，这个宣称对于可知者乃是第二位的。但是，如果我们通过“理智之花”[①] 领会到这种可知的东西，建立在最初的理智三合体的“顶点”，那么，我们是否通过某种关系与那个超越于一切事物的太一发生关联了呢？因为，如果首先被神谕说到的“天父”[②] 从理智与能力中快速撤回自身，不缺乏任何东西的东西就将被撤回，但是它是从一切事物中撤回或分离出来，从而被当作一切之神？神谕不是在另一个地方还说到“最初的天父”吗？至于“神圣原则的原初能力”，它高于这个东西而又不分有这个东西，而且被神谕说成是神圣的，它是什么？如果神谕所命名的原则乃是一种更加难以言喻的原则，那么，“沉默”[③] 应该在原则之前充当原则，并且在一切神圣原则之前充当崇拜的原因。

在可知者之上有可知者的本原，复合的存在者，在它里面的本原，出自另一个更加难以言喻的“一元”，尽管在可知者之前有一种沉默的本原，但是“理智之花”并不是我们整个灵魂之花。这个理智之花乃是我们的理智之生命最为统一的，“灵魂之花”是所有灵魂能力中的一种，灵魂能力是多样的。我们并不仅有理智，而且还有思维、臆见、注意力和意愿，在所有这些能力之前有单一的本质以及可分和不可分的“多”。发光的“一”是双重的：其中之一乃是“灵魂之花”，亦即我们的首要能力，另一个是所有不同能力的普遍本质；但是，只有灵魂之

① nou anthos.

② Pater.

③ sige.

花使我们与可知者之“天父”联结起来。“太一”乃是可理知的，它按照其中蕴含的单一性通过天父的理智而得到领会。但是，一切灵魂能力所围绕的单一性本性上把我们导向那个一切实在之超越者，它是我们当中一切能力的统摄性能力。由此，我们本质上植根于这个超越者，由于这种植根，我们尽管可能从这个可知领域中坠落，但是我们不会疏离我们的本原。

5. 就哲学而言，对“永恒原则”[1] 的遗忘和回忆分别是灵魂离开和返回诸神的原因。但是，就神谕而言，对“天父”之征兆的遗忘和回忆分别是灵魂离开和返回诸神的原因。这些论断是和谐一致的，因为灵魂由圣洁的原则和神圣的征兆构造而来，其中前者得自理智之诸形式，后者得自神圣的“一元”：我们一方面是理智本体的影像，另一方面是不可知的征兆之肖像。每个灵魂都是诸形式之“充实体”[2]，它完全按照单一的原因而持存，因而它实际上分有一切征兆，并且通过征兆与神圣者相联结。然而，在“一”之中的“顶点”被划分为“多”，因而灵魂中的“多”都又可以归结到一个“顶点”。我们必须认识到每一个灵魂按照其样式与其他灵魂不同，灵魂的种类有多少，它的总数就有多少。首先，根据一个形式，众多不可分者的底基，围绕着物质的统一形式，以及实在的诸复合体，它们由于分有同一个样式而成为单一的主体；其次，灵魂的本质是原则和纯粹的形式，就此而言，一个灵魂与另一个灵魂没有任何区别，但是，它按照形式而相互区别；只有通过形式灵魂才有所区别，而灵魂就是形式。因而，很显然，尽管每个灵魂按照同一原则都是充实的，但是它们仍然分别领到一种与别的灵魂不同的形式，这正如太阳的形式专属于太阳的灵魂，而别的形式则属于别的灵魂。

---

① ho aidion logos.

② pleroma.

哲学的慰藉*

* ［古罗马］波爱修著，朱东华译。

一代文宗波爱修及其《哲学的慰藉》

（代译序）

伟大的思想者和伟大的圣人总是在滋润着历史的篇章。当雅典公民苏格拉底罹难殉道之际，其在法庭上的申辩，以及在战神山牢洞中的对话，无不浸透着哲人的睿智和豁达。九个多世纪之后，同样身陷囹圄的罗马元老波爱修（Anicius Manlius Severinus Boethius，480—525）写出了千古名篇《哲学的慰藉》。波爱修在诗文中借哲学女王之口，追迹苏氏，祖述先哲（尤其是柏拉图），终于拓展了“卸轭”“守真”的慰藉之道，成就了一代哲学的境界，并在时间的河流上架起了古典时代与中世纪的思想桥梁。

9 世纪末，英格兰韦塞克斯国王阿尔弗雷德大帝用纯净的盎格鲁—撒克逊语翻译了《哲学的慰藉》。阿尔弗雷德大帝的译本，或直翻，或意译，时有增饰，时有削删。其中开篇第一章便是其所增添的“波爱修身陷囹圄”的事略[①]——也许在今人看来，阿尔弗雷德大帝的损益过于随意，有违翻译的信实原则。然而，《哲学的慰藉》乃忧患之作，诗人因不平而鸣，又因决疑而得以释怀。因此，在阿尔弗雷德大帝眼里，“哲学的慰藉”实是切己之道、为己之学，断断不能脱离个人的生存向

① *King Alfred's Anglo-Saxon Version of Boethius' De Consolatione Philosophiae*, with an English translation and notes by J. S. Cardale, London: William Pickering, 1829, pp. 2-5.

度。大智大勇的阿尔弗雷德大帝，在其立政之初，屡屡与丹麦人周旋，为统一英格兰而殚精竭虑，其所受磨难可谓多矣。也许正是通过波爱修的生平，感念其功业、名节，感悟其著作、思想，阿尔弗雷德大帝也在戎马倥偬之中得到了哲学的慰藉。阿尔弗雷德大帝以其独特的翻译和作为，向后人表明了：《慰藉》的成书背景与其文本本身一样重要——正所谓“颂其诗、读其书，不知其人可乎？”——我们若要阅读《慰藉》，首先就得了解，当年波爱修面临的是什么样的困境？波爱修究竟是怎样的一个人？

波爱修生于贵族之家，而贵族头衔，则是从祖辈功勋中得来的赞誉。公元476年，西罗马帝国覆亡，大约三四年之后，波爱修在罗马降生。从长辈为其所起的名字来看，他有相当非凡的家世：安尼修（Anicius）是罗马的名门望族，曼留斯（Manlius）先祖功勋卓著，曾将高卢人逐出了罗马的朱庇特神殿，并不惜以子弟鲜血祭国法，因而备受世人尊敬。波爱修父亲是奥多埃塞王朝重臣，曾任罗马执政官。其岳丈西马古斯也出自官宦世家，不仅德高望重，而且重视才艺，长于修辞。至于波爱修本人，也贵为宰辅、荣任元老，不仅得到东哥特国王的信任，而且颇受罗马百姓的拥戴；而他的两个儿子，则“自孩提时起便显露出了有似于乃父、乃祖的政治天分”，并于公元522年双双被选为罗马执政官，可谓显赫一时。

波爱修曾问：贵族头衔究竟有什么好？他的回答是——“它好就好在：仿佛会有某种义务施加于贵族，使之远绍先祖之德而不堕落。”波爱修虽生活于异族统治、同胞偏安的东哥特王国，但他为官清正，不阿权贵，不息自强，勤政爱民。有一年坎帕尼亚省发生大饥荒，乡民家家遭殃，眼看一场横征暴敛（Coemptio）势所难免，波爱修毅然挺身而出，在君主面前与执政官舌战，并最终说服了君主，使乡民免于苛税之苦。波爱修富有辩才，甚至有人将他与雄辩家狄摩西尼和西塞罗相提并论；而波爱修的辩才，也总是“始终如一地用以维护正义和人道的事业”（吉本语）。他敢于与皇室司铎崔贵腊等权贵周旋，当宫廷爪牙们贪图保利努斯的财产、意欲侵吞之时，他则“搜刷狼颔，为其抢夺了回来”。尤为值得一提的是：当多次担任执政官并具有领事头衔的罗马元老亚尔比努（Albinus），因所谓“通敌未遂之罪”而受惩罚之际，波爱修愤然而起，与控告者居普良针锋相对：“若亚尔比努有罪，那元老院和我本人也当同罪；若我们无罪，那亚尔比努也应受法律保护。”波爱修不计个人安危，毅然为无辜的同事辩护，为元老院正名，为民族伸张大义。最终，波爱修也受奸人陷害，与亚尔比努一样被定了叛国罪。

哲学家黑格尔曾经指出：中世纪的哲学史很可以说是一些人物的历史，从中我们可以看到许多虔诚的、高尚的、极其优秀的人物。史学家吉本则称波爱修品性高洁，因为他能够“克尽公私生活中的社会职责”，其慷慨“使穷苦人的苦难得到了宽解”。而素喜臧否人物的英国哲学家罗素，也为波爱修的公益热忱而击节赞叹：他高瞻远瞩、处世公正、精神崇高，即使在任何时代，都算得上是一个不平凡的人物，而就他所处的时代而论，则更是令人叹服。

在波爱修所处的时代，大一统的帝国崩溃之后，留下的是多头政治割据、多元宗教杂处的格局。当时统治意大利的是东哥特国王狄奥多里克。狄氏立政之初，颇多开明之举：他一方面定都拉文那，同时又允许罗马人保留自己的元老院（以实施有限的自治）。狄氏的怀柔，换取了罗马贵族的政治认同。狄氏在宗教方面也秉承日耳曼征服者的传统，采取了颇为宽容的宗教政策（其时罗马人信奉的是正统天主教信仰，而狄氏一族，虽也是基督徒，但信奉的却是非正统的阿里乌教义）。然而，政治的妥协、宗教的宽容，无论对于哥特人，还是罗马人而言，都意味着是一种政治智慧的考验。事实上，在时局动荡的年代，多元认同背后的政治—民族—宗教矛盾很容易被放大、被利用。后来悲剧确实发生了：狄氏晚年听信了谗言，致使波爱修的同事亚尔比努、波爱修本人、波爱修岳父西马古斯以及灵性导师、教宗若望一世先后罹难，不久狄氏本人也在追悔中抑郁而亡……

波爱修被处死之前，在狱中度过了三五年时光。他正是在这期间写下了《哲学的慰藉》。对于这个平易而不平凡的人而言，从宰辅到死囚、从受人拥戴到无端蒙羞受辱，始终让他难以接受。他满怀激愤，一再向哲学女王发问：为何我行善换来的却是惩罚？而恶人却可以屡尝甜头以致变本加厉？这世上若有神明，恶从何来？若无神明，善从何来？为何在“伟大主人”的家园，竟然是黄钟毁弃、瓦釜雷鸣？既然一切都在神佑的支配之下，那人类是否还有自由意志可言？如果没有了自由意志，那惩恶扬善也便无从谈起了！

应该说，古往今来，困顿、激愤如波爱修者，中外皆不乏其人：耶稣临终呼号，以示神人之际；屈原蔽谗放逐，乃赋楚辞离骚；但丁流亡十载，方有神曲问世；史迁遭受腐刑，乃发愤著书……然而，耶稣、但丁也好，屈原、史迁也罢，都是将自己的委屈和愤懑直接宣泄了出来，而未尝（或无暇）做深入、系统的哲学思考。他们的终极之问，固然振聋发聩、发人深省，但那更多的是生存状态上的诘问和感悟，而非反思信仰或实践理性方面的省思。波爱修的独到之处在于，他将自己的疑惑作为一个哲学问题向哲学女王提了出来，而且《哲学的慰藉》的全部思考，在一定程度上可以说是“单纯理性限度内”的一种探讨。

对于波爱修的问题，哲学女王作了如是解答：首先，波爱修面对厄运而一蹶不振，他的病症在于贪图往日的好运。然而，“令尊者为卑、使卑者为尊”乃是命运老妖的一贯伎俩，一旦你的脖子被命运之轭套牢，你只能在其地盘上，默默地承受发生在你身上的任何事情。如果你一时交了好运，也不要受宠若惊，因为财富、荣誉等，都不过是命运的婢女，她们随她而来，伴她而去。虽然财富、荣誉、权力、荣耀、欢乐留下了幸福的“轮廓”，但是，财富使人患得患失，权力屡做帮凶，官位与尊荣难以持久，赞誉来自谬赏，而肉体享乐就如同蜜蜂一样，“吐出了甜美的蜂蜜，再留下深深的一螫，痛彻我们的心扉，然后飞走了”。凡此种种，都不过是“虚幻的善”，并不能带来真正的幸福。而如果你不幸遭遇了厄运，你也不必怨天尤人，因为对人类来说，“厄运要优于好运”。当命运笑嘻嘻、带着幸福表情的时候，往往是在骗人，而当她摆出一副反复无常的面孔时，她却总是诚实的。前一种命运在行骗，后一种命运在教诲；前者束缚人心，后者解放人心。因此，每当聪明人被迫与命运较量的时候，他都要认清命运的无常本性，努力坚守中道，既不让好运宠坏了自己，也不让厄运压垮了自己。

其次，哲学女王还提出了这样一个“系定理”（porismata）：善本身就是幸福，因而，所有好人因其是善的，所以显然也都是幸福的。善本身就是人类一切行动的共同奖赏。善与好人不能分离，谁缺乏善，谁就不配称为好人。所以，无论恶人怎样发怒，聪明人头上的桂冠都不会坠落或凋谢；他人的邪恶根本夺不走善的灵魂所固有的荣光。既然善是给好人的奖赏，那么恶就是对恶人的惩罚。因为凡是存在的事物都是一，而一本身又是善，所以事物只要它存在，就应该是善的。而事物一旦脱离了善，便不复存在；因此，恶人不再是他们以往的所是——他们迄今还保留着人类的躯壳，表明他们曾经是人类——因此，他们在转向邪恶的同时，也一举丧失了他们的人性。既然只有善才能够使人升华到更高的境界，那我们就不得不说，邪恶已将他们拖到人类的状态之下，邪恶的拖累已经使得他们不配称为人类。因此，波爱修大可不必为当下的境遇而忧戚，恶人的力量看似嚣张，其实是虚无，他们根本夺不走善的灵魂所固有的荣光和幸福。恶人的放纵越持久，他们就越不幸福，因为，恶人获得不公正的豁免，比他们因正义的报应而受罚，要来得更加的不快乐。如果一个人想作恶、能作恶并正在作恶，那他肯定是在遭受着三重的不幸。与正义所要求的惩罚未尝实施的情况相比，恶人接受惩罚反而是更为幸福的。当恶人受到惩罚的时候，就有某种善加给了他们；而当恶人未尝受罚、继续为恶的时候，他们就会更添一重罪恶……

再次，哲学女王涉及了更为核心的问题：真正的幸福和善的源泉究竟在哪里？哲学女王的回答是：至善与至福都在神那里。因为凡是完善的事物，显然要优先于不够完善的事物。因此，为了使论证不致陷入无限的倒退，我们就得承认，至高的神充满了至高的、完美的善。万物的创生、自然变迁的整个历程以及形形色色的变动，都是由至高的神佑赋予其原因、秩序和形式的。因此，命运的秩序也是从神佑的单纯里面生发出来的。正如一个工匠，首先在脑海里构思他要制作的东西的形式，然后付诸实施，一步步地按照时间的顺序，将他先前以单纯和瞬发的方式所设想的东西给制作出来；同样，神凭借神佑，以一种单纯、不变的方式，安排了他要做的事情，又凭借命运，以一种展延和历时的方式，完成了他所安排的事情。

既然神就是至善本身，而完美的善就是真正的幸福，因此，真正的幸福也一定栖息在至高的神里面。神佑之所以要使好人陷入苦恼、遭受苦难的折磨，乃是要他们忍辱负重，使他们内心的美德更加强劲有力，从而使他们拥有真正意义上的幸福。至高的神佑还常常制造这么一个惊人的奇迹：坏人使坏人变好。有一些坏人认为，他们正在遭受比自己更坏的坏人的侵害，这时，他们因为厌恶那些坏人而内心窝火，他们力图与他们所厌恶的那些人划清界限，于是他们就重新收获了美德和真正的幸福。

神乃是对无限生命的全部、同时和完满的拥有，永恒构成了神圣实体的本质。正是在永恒的当下里面，神洞悉了万事万物，而他的洞悉之眼，也只是观照眼前事物的性质而从不干涉它们。有些东西是事物必然性的结果，有些东西是行事者努力的结果。一方面，人类意志的自由依然不可侵犯，另一方面，对摆脱了必然性之后的意志进行赏罚的律法也未尝失去公正。正是神的当下永恒的视野与人之行为的未来特质协调作用，保证了好人得赏、坏人受罚的公正性。

最后，在一片宁静的氛围中，女王给出了哲学的慰藉与劝诫：我们对于神的期盼，我们的祈祷，都未尝落空；只要我们的祈求合情合理，就不会没有效果。弃恶扬善吧，一心向往正道吧，恭恭敬敬地向上天祈祷吧！伟大的必然性已经被郑重其事地赋予你；在洞悉万物的法官面前行事，你若不想自欺欺人的话，那就行善吧！

《哲学的慰藉》简称为《慰藉》就是这样，透过哲学女王与波爱修之间的那种苏格拉底式的对话，表达了柏拉图式的主题：引导灵魂从流离到返回家园。我们完全可以想象，波爱修最后赴死的那一刻，一定很从容，他的内心一定充满了安宁。我们今人阅读经典，常嫌其高蹈，厌其履空。但《慰藉》一书最后呈现的纯哲学的宁静，却是澄怀悟道、直探本原而得来的胜境——它是如此的宁静，假如该书写成于顺境，或可被视为孤芳自赏。但是该书却是著者被判死刑后在狱中写成的。这和柏拉图笔下的苏格拉底的最后时刻是同样令人赞叹不已的。[①]

波爱修是否到过雅典或者亚历山大里亚，至今仍然存疑，但有一点是肯定的：他有机会在帝国东部接触了后期柏拉图主义的著作（主要是受普洛克勒斯、波菲利等人的熏陶）。从《慰藉》一书来看，柏拉图的影响随处可见，如卷三第九章的长诗便是脱胎于柏拉图的《蒂迈欧篇》，卷三第十一章则援引了柏拉图的“回忆说”，等等。波爱修对于斯多亚派似乎颇有微词，他在《慰藉》卷一曾借哲学女王之口，讥讽“伊壁鸠鲁学派、斯多亚学派以及力图继承其衣钵的一干人等”只是拽着了哲学的碎片。但是，从全书探讨的“德一福”主题来看，尤其是从“善本身就是幸福”这一所谓的“系定理”来看，波爱修的立论其实十分倚重斯多亚主义的道德哲学。为此，法国哲学史家罗斑不无道理地指出：《慰藉》“整个地浸染着柏拉图化的斯多亚主义”。

有意思的是：波爱修声称，他之“追随神”，乃是遵从毕达哥拉斯的命令（而非耶稣基督的命令）。《慰藉》全书盖无一处援引圣经。但

① 罗素：《西方哲学史》（上卷），何兆武、李约瑟译，商务印书馆 1982 年版，第 456 页。

是，波爱修从怨尤到释怀，从“德福能否一致”的诘问到最后确立“至善与至福都在神那里”……波爱修入狱后的全部思想历程，似乎都印证了康德在《单纯理性限度内的宗教》中提出的主张：道德不可避免地要导致宗教。只不过，波爱修的思路依然沉浸在“德即福”的斯多亚主义氛围之中，而康德呢，则在批评伊壁鸠鲁学派和斯多亚派的基础之上，明确提出了“德福两分”“德为受福资格”的主张，并最终在实践理性的范围内确立了“作为纯粹理性最后目的之规定根据”的至善理想。

波爱修及其《哲学的慰藉》在中世纪有着持久的影响，基督徒们视波爱修为圣徒，视《慰藉》为“宝典”。后世学者对《慰藉》也是赞誉有加，吉本在《罗马帝国衰亡史》中甚至说，即便是柏拉图和西塞罗，也值得花时间一读“宝典”。《哲学的慰藉》承晚期古典哲学之余绪，开启中世纪基督教哲学之先河——正如牛津大学出版社“中世纪大思想家”丛书之《波爱修》卷的作者马伦奔（John Marenbon）所说：波爱修及其《哲学的慰藉》构成了“哲学连续性的不可或缺的一环”[①]。作为那个时代的“博学通人”（黑格尔语），波爱修除了在哲学上的持久影响外，还在音乐、诗歌等领域多有建树。《哲学的慰藉》一书中的诗作，格调高雅，音律优美，可谓独步一时，后世诗坛名家，如但丁、薄伽丘、乔叟诸公，皆引以为师法的楷则。

最后向读者交代一下版本问题：《哲学的慰藉》的拉丁文本（*Philosophiae Consolationis*），自 1871 年 Rudolf Peiper 推出第一个拉丁文学术版以来，经 E. K. Rand（1918）、Wilhelm Weinberger（1934）、Ludwig Bieler（1957）、Claudio Moreschini（2000）等几代学者的共同努力，可谓日臻完备。其中 Rudolf Peiper 以精审著称，其奠基工作，深受后学推崇。1918 年，哈佛大学拉丁语教授 E. K. Rand 博士受邀为洛布

① John Marenbon, *Boethius*, Oxford / New York: Oxford University Press, 2003, p. 4.

古典丛书考订《慰藉》的拉丁文本，Rand 教授最终以 Rudolf Peiper 的版本为基础，参校名家 August Engelbrecht 的长文（《波爱修的〈哲学的慰藉〉》）（*Die Consolatio Philosophiae des Boethius*），为洛布古典丛书厘定了一直沿用至今的文本。Rand 的本子虽非最终的善本，却也严格地承接了 9、10 世纪手稿的权威性。

《哲学的慰藉》或许是有史以来翻译最频繁、流传最广泛的著作之一。迄中世纪晚期，《慰藉》已有古英语、古高地德语、古法语等各种“方言”的译本，甚至还有了希腊语和希伯来语的译本。而同一语种也往往有多个译本，比如操刀英译者便是历代不乏其人：9 世纪末，阿尔弗雷德大帝将《慰藉》译成了古英语。此后，14 世纪，有大诗人乔叟的译本；16 世纪，有女王伊丽莎白一世的译本；17 世纪初，有 I. T. 的译本（1609）……这里的 I. T.，未详何许人也，但其译文不仅典雅，而且贴切、忠实，委实难能可贵。1918 年版的洛布古典丛书《波爱修》卷即采用了 I. T. 的译本，剑桥三一学院研究员 H. F. Stewart 在引言中坦言：虽然出于现代学术的考虑，他对 I. T. 译本做了必要的修订；但鉴于 I. T. 译文之贴切，他的改动其实并不是太多。时隔半个多世纪之后（1973），洛布古典丛书《波爱修》卷的《慰藉》部分最终撤下了 I. T. 的译文，而代之以布里斯托大学古典系 S. J. Tester 教授的译文。Tester 并未详谈变更的理由，只是简单地说：I. T. 译本“虽有若干优点，而且经过了 Stewart 博士的修订，但与洛布丛书的目标相比，仍有不小差距”①。Tester 的译文与 I. T. 的译文相比，总体上有了改善，尤其是更适合现代读者的阅读习惯，但是在译文的忠实程度方面，I. T. 的译本仍有其不可替代的价值。

译者手头收集有阿尔弗雷德译本、I. T. 译本、Tester 译本以及

---

① *Boethius*, London: William Heinemann; New York: G. P. Putnam's Sons, 1918, p. xiv; *Boethius*, Harvard University Press, 1978, p. vii.

Rand 考订的《慰藉》拉丁文本。译者在翻译过程中着重参考了 I. T. 译本和 Tester 译本，但凡有疑问、有分歧之处，则诉诸 Rand 的拉丁文本。在译文修订过程中，王弢先生提了不少中肯的意见。他通读了我的全部译文，并细致对照了 I. T. 译本和 Tester 译本。对于他所做的工作，我在此表示衷心的感谢。

《哲学的慰藉》一直以来没有受到应有的重视，汉语学界的翻译和研究还只是晚近的事。但可喜的是，随着学界对教父哲学和中世纪思想文化的日益重视，波爱修及其《哲学的慰藉》也引起了学者们的关注。其中需要提及的有胡龙彪等学者的研究，陈芳郁、陈越骅等人的翻译。这次承雪富以及包利民老师的好意，拙译有幸忝列“两希文明哲学译丛”。在此也要特别感谢陈彪先生的支持以及对延宕交稿的宽容。

《哲学的慰藉》原书分卷、分章，但各卷各章均无标题。洛布两版都分了五卷四十章，无大小标题。阿尔弗雷德译本未尝分卷，但分了四十二章，各章都有“标题”(实为提要)。[①] 这次译者遵照编辑的建议，参考阿尔弗雷德译本的提要，尝试为各卷各章安上了标题。译者清楚，这样做难免会冒牛首马面、狗尾续貂的风险。对于其中的不当之处，以及全部译文中的错误之处，恳请读者批评指正。期盼不久的将来，会有较为完善的中文学术版面世。

朱东华

2008 年 10 月

① *King Alfred's Anglo-Saxon Version of Boethius' De Consolatione Philosophiae*, pp. iv-xv.

卷一　问疾篇

一　哲学女王呵斥诗神缪斯

我往日的诗草，意气飞扬，
如今我，唉！落笔生悲，黯然又神伤。
瞧那些悲怆的缪斯，如何助我成章，
哀哉悲哉，真诚的泪水沾湿了我脸庞。
我恐怕她们起码会与我结伴同行
同伴们依旧
不堪沉寂啊：她们曾是
我青春年少时的荣耀；如今在我风烛残年之际
她们又来抚慰我。
因为衰年不期而至，病催人老啊，
还有这忧戚，也毫不饶人；
我一头白发，容颜衰颓，
再看我这散架的身子骨：油也尽了，灯也枯了。
如果死神降临，不是
冲着一个人的韶光
而是刚好赶上他痛不欲生

那该多讨人喜欢。可我的哭号，他却充耳不闻
狠心的他，不容我闭上泪眼。
虽说早年命运待我不薄，
可这等苦熬，也未免让我垂头丧气——
再说欢娱这东西，犹如昙花，指望不得啊。
既然她变了阴沉、伪诈的脸，
我这恶浊的人生，也只有苟且迁延。
唉！朋友们，为何
为何你们总要恭维我的幸福？
一个行将就木的人
脚步早就踉跄不稳了。

当我在心中如此默默思忖，并把满腹怨痛形诸笔墨之时，我仿佛感到有一女子在俯视着我。她一脸的威严；她目光如炬，谛视明察，非一般人能比；她的肌肤漾着鲜润的光泽，然而她古质端方，又令人有隔世之感。我也说不准她有多高，因为有时候，她缩着身子，如常人一般高；有时候她头上的冠冕又像是顶到了天边，特别是她高高昂起头的时候，头伸到了天上，就看不见了。她衣饰华贵，用的都是上好的绸缎，做工也很考究——是她自己亲手缝制的——这我后来才知道，她跟我说了。不过，它的外表因年久失色而显得有些黯淡，就好像摆在某家厅堂里的祖宗塑像布满了烟尘一样。它的下摆绣着希腊字母 Π（P），上沿绣着字母 Θ（Th），[①] 而两个字母之间则有记号呈阶梯状，我们可以沿着这些阶梯，从低到高爬上一个个字母。可惜这衣服已经被人张牙舞爪地撕过，而且能被拽走的东西都已经被拽走了。她右手持书，左手执笏。

① 代表哲学的二分：实践哲学与理论哲学。

当她看到诗神缪斯们站在我床前，帮我遣词造句、宣泄愁绪时，她先是一愣，继而目光咄咄，申斥道："是谁让这些艺伎来陪伴这病夫的呢？她们非但治不了他的病痛，反而用甜蜜的毒药，叫他雪上加霜。用情欲的荆棘去扼杀理性的累累硕果，正是这等人的行径。她们不是帮他解除病痛，而是让他安之若素。倘若你们跟往常一样，只是将一个白丁诱入歧途，那倒也罢了，因为这事儿对我们的事工而言并无大碍；可是你们诱导的却是一个饱受爱利亚学派和学园派[①]思想熏陶的人，那我就不能坐视不管了！尔等妖妇，住手吧！勿要诱人堕落！快把他留给我的缪斯，由她们来照顾他，使他康复。"这一群缪斯受了申斥，一个个垂头丧气，面带愧色，灰溜溜地离开了我的卧室。而我自己呢，由于泪眼昏花，未能看清这位口气威严的女子；我惊诧得哑口无言，目光也低垂着，同时我也在默默地等候，看她接下来怎么办。只见她走了过来，在床的另一端坐下，并一面端详我那涕泪流离的苦脸，一面吟诗哀叹我内心的糊涂。

二　哲学女王对我的数落

哎！他沉溺欲海何其深！

他的内心，昏聩，黯然，无光，

他涉世既多昧没，调治又苦无良方

流俗之风吞噬了他

生活不见了章法。

---

① 爱利亚学派和学园派是两个古典哲学学派。爱利亚学派是克塞诺芬尼于公元前6世纪中叶创立的；其最知名的代表人物包括：伟大的一元论者巴门尼德，以及提出著名的运动悖论的芝诺。学园派是指雅典学园的柏拉图后继者（公元前3世纪—前2世纪）；他们主张一种质疑的哲学，有些接近于当代的分析思想。

当初这人
可是爱在晴天徜徉于
天国路上；也常常
凝视着玫瑰色的阳光，欣赏着
皎洁的月色，
观察着列星游移的路线，
看它们旋即生变——凡此种种
他都用数理和法则来掌握和规定。[①]
他还追问并通晓其中的缘由：
为什么风会呼啸着卷起海浪，
究竟是什么气团转动了恒星的星体，
为何太阳会从火红的东方升起
然后又沉入西方的波涛之中，
究竟是什么使得大地回春，
玫瑰花处处盛开，
又是谁带来了秋日的累累果实，日子圆满时
让葡萄成熟。他就是这样，探索并阐述了
自然界的各种奥秘。
可如今，他一卧不起
心中光亮也渐渐熄灭，
他项上沉重的枷锁，压得他直不起身，
他需要调养，可他不知，
他满眼所见

① 数理（Numeris）指的是数学天文学：自柏拉图的学生欧多克索斯以降，希腊天文学家都谋求建构有关日、月、行星（“游星”）的数学“模型”（在现代哲学的意义上），以便精确计量它们的位置和运动。波爱修学过天文学，并在托勒密天文学的基础上，写过一本拉丁文的天文学教材（已佚）。

唯有黑沉沉、硬邦邦的土地。

女士说道："不过啊，也不能光数落他，该是疗治的时候了。"紧接着，她又以炯炯的目光注视着我说："你，不正是靠我的乳汁哺育，靠我的膳食喂养，长大成人的么？我不是已经给了你武备，要不是你自己废弛，如今你必定是安然无恙的，对吧？你还认得我吗？怎么不吭声啊？你不说话，是害羞呢，还是茫然无措了？我倒希望你是害羞，不过我看你其实很茫然。"她见我不只是沉默，而是一副目瞪口呆的样子，便将手温柔地放在我的胸前，说道："他其实并无大碍，只是有点无精打采罢了，心眼受了迷惑的人，大都如此。他真正的自我，他已记不太清了。当初他可是认得我的呀，为了叫他康复，就让我来擦亮他的双眼吧，只要将蒙蔽他的过眼烟云拂去，他便可康复。"于是她拢衣捐袂，擦干了我老泪纵横的双眼。

三　哲学女王扶正祛邪

夜幕消散了，黑暗也离我而去；
我双眸复明，犀利如初。
如同在西北风肆虐的当口
在雨云遮天、蔽日晦光之时，
在繁星升空之前
黑夜笼罩大地之际，
忽然从色雷斯巨穴吹来一阵北风[①]
驱走了漫漫长夜，迎来了白昼

① 风神伊俄勒斯（Aeolus）的洞穴；"色雷斯"喻指"北方"（相对希腊而言）。

刹那间，日光熠熠
光彩夺目。

就这样，愁云消散，我沐浴在清澈的光明中；我恢复得很好，已经能认出这位救治者了。我仔细端详着她，发现护理我的不是别人，正是那曾经养育过我的哲学女王，我年少时，可是时常出入她家的啊。于是，我问道："圣善的女王，您怎么会来的呢？您为什么要离开天上的宝座，到这放逐我的荒芜之地来呢？您这样同我一道受罪，何苦来哉？"她却反问我："小子，难道要我撇下你不管吗？难道我不该来分担你的劳苦，不该来替你减轻那因我的名遭到憎恶而带给你的压力吗？哲学女王把一个无辜的人孤零零地遗弃在路上，那怎么行呢？我总得顾忌别人会怎么说我吧？这种前所未闻的事情，我畏之避之唯恐不及！你说，邪恶世界攻击、侵害智慧女王，这难道是头一回吗？早在我的柏拉图时代之前，我不是已经与愚顽进行过一次次殊死搏斗了吗？及至柏拉图时代，当其师苏格拉底罹难殉道之际，我不是一直陪伴着他吗？而在他之后，伊壁鸠鲁学派、斯多亚学派以及力图继承其衣钵的一干人等，却当我是他们的战利品，不容我分说，不容我抗争，硬是撕扯着我亲手编织的衣服，然后拽着碎片扬长而去，俨然一副全体在握的样子。由于他们的衣着打扮有点儿像我，所以不明就里的白丁们很容易受蒙蔽，误以为他们中有我的仆从。再说了，就算你对阿那克萨哥拉逃离雅典、苏格拉底饮下毒芹汁、芝诺受苦等外邦旧事不甚了了，你总该知道凯纽斯（Canius）、塞涅卡、索拉纳斯（Soranus）吧？[①] 因为他们的事迹并未因

① 克拉左美尼的阿那克萨哥拉，前苏格拉底哲学家，因怕受迫害而于公元前 450 年逃离雅典；爱利亚的芝诺死于公元前 5 世纪下半叶，据说他的死是因为他协助推翻了他家乡的暴君；苏格拉底于公元前 399 年在雅典被处死；凯纽斯（又名凯纳斯）以及塞涅卡、索拉纳斯号称是帝王们的"斯多亚对头"：凯纽斯于公元 40 年左右死于卡里古拉（Caligula）之手，塞涅卡和索拉纳斯分别于公元 65 年和 66 年死于尼禄之手。

年久而变得模糊不明。他们这些人之所以罹难，恰恰是因为，他们乃是照着我这一套方式得到了抚育，他们的行为志向看上去与那些恶徒判然有别。既然我等免不了要遭恶人的嫉恨，我们泅泳于今世生活之海的时候，遭受风吹浪打也便不足为奇。恶人们固然来势汹汹，不过我们也该兵来将挡、应付裕如，因为他们不过是乌合之众，群氓而无首，狂热又无知。他们冲着我们，一顿狂轰滥打，而我方统帅智慧女王则鸣金收兵，任凭敌方胡乱搜罗无用的辎重。他们的一次次骚扰，皆被粉碎；我们立于高地，看着他们搬运那些无用的东西，觉得十分可笑。正是凭借这么一堵墙，愚顽虽狂也不得翻越，而我们则安然无恙。”

四　我向女王袒露愤懑之情：何以恶人当道、好人遭罪？

他曾把高傲的命运踩在脚底
他行止有度，内心宁静
他一向直面幸运与厄运
始终能够高高昂起他那不屈的头颅，
这样一个人，纵然是波涛汹涌的大海
也无法用惊涛骇浪去撼动他，
纵然是不时喷涌的维苏威火山
也无法用冒烟的熔岩
去摧败他，
纵然是击倒高塔的列缺霹雳
也无法惊扰他。
而那些可怜虫，却何故
竟被色厉内荏的暴君们弄得稀里糊涂？

他们若不抱希望、不怀畏惧
便能制服那软弱无力的怒火；
然而，他们一个个因恐惧或欲求而战栗，
五内躁动而不能自持，
显然已缴了枪械，弃了阵地，
并系上镣铐，供人驱使。

她说："这下你总该明白我的意思了吧？你那受困扰的心总该开窍了吧？难道我这是对牛弹琴吗？你为什么还要再抽泣呢？荷马说了，'不要憋在心里，要说出来。'① 你真要是想好好治治的话，就得把伤口露出来。"我定了定神，答道："您还用再问下去吗？我在命运手中受的虐待还不足以说明问题吗？难道看了这房子的摆设，您没有触景生情吗？还有这图书馆，也就是以往您在我屋里挑选的栖息之所，您与我在此一同探讨过人间及神界万事万物的知识，您不记得了吗？每当我与您解析出自然的奥秘时，每当您用那杆笔为我画出星星的轨迹时，每当您依照天体模式为我定制了性格及生活的全部方式时，我的样子、我的表情难道是这样的么？恭恭敬敬为您效命，竟然会落到如此下场？正是您，借着柏拉图的手笔，制定了这样的原则：凡哲学家做王或做主的邦国，都将享有福乐。② 您还借柏拉图之口，告诉我们说，哲学家之所以要亲自过问政务，是为了不让政权旁落于卑鄙小人之手，免得他们把善给腐蚀或摧毁了。也正是遵循着这一教导，我才决意将我闲暇之际从您那里学来的那一套东西，运用于公共管理实践之中。您以及神都很了解我（神把您安置在哲学家心中），知道我任职的动机与一切善良的人们没有分别。这也就是为什么，我

① *Iliad*, i, 363.

② *Republic*, 473 D.

与小人之间会产生难以调和的根本分歧。我一直坚守良心的自由，其结果是，我常常能够维护正当、遵守规矩，当然了，最终我也是极大地冒犯了那帮家伙。”

“每当考尼伽斯图妄图掠夺弱者财富时，我不是一再从中作梗吗？每当皇室司铎崔贵腊妄图行不公之事，尤其是正在为非作歹的时候，我不也是一再地阻止了他吗？[①] 尽管替人出头会使我冒很大危险，但每当那些难以餍足的恶霸们用没完没了的恶意去中伤、折磨那些穷困者的时候，我也总是能够挺身而出。没有人能够使我偏离正道，去为非作歹。个人盘剥，国家课税，乡民家家遭殃，我为此痛心疾首，其程度尤甚于乡民自己。有一年大饥荒，眼看一场横征暴敛势所难免，坎帕尼亚省将陷入贫困，我为公益着想，毅然挺身而出，在君主面前与执政官对决，我反对强行收购（Coemptio），结果我赢了。[②] 宫廷爪牙们贪图保利努斯（一个具有领事头衔的人）的财产，意欲侵吞之，我则搜刷狼颔，抢夺了回来。另一个具有领事头衔者亚尔比努，将因所谓未遂之罪行而受惩罚，当时我为了保护他，也曾与控告者居普良针锋相对。我如此慷慨激昂，我对自己满意，这有什么不妥吗？不过，的确是在别人更为安宁时，我才更为满足，因为我尊崇公道，我不是仗着朝臣的爱戴，来求取我自己的安宁。那么，对我骂骂咧咧、使我陷入难堪的，究竟是些什么人呢？巴西流便是其中之一：此人曾为君王效命，后遭解职；他因欠下一屁股债而怨尤于我。[③] 另外两人是奥比利奥和高登图斯：他俩多有欺诈，君王下令流放，可他们不从，躲在了一个庙里。君王知悉后，责

---

① 我们对崔贵腊或考尼伽斯图了解不多；意大利东哥特国王狄奥多里克（Theodoric，493—526 年在位）的宰辅（波爱修的后任）卡西奥多鲁斯（Cassiodorus）曾经给考尼伽斯图写过一封信（Var. viii. 28）。

② Coemptio 是一种补给军需的手段，属于普通税收之上的追加部分，往往是用强行收购的方式获得的；在后期帝王统治时期，这种做法受到法律的严格限制（色雷斯省除外，因为该省税收不敷岁入）。显然，肆无忌惮的官员们很容易滥用这种手段；这里是指低价收购粮食，再以高价回售。

③ 显然有人用免债方式向他行贿。

令他们限期离开拉文纳，不然将在他们脑门烙上字再驱逐出境。他们受严惩，是罪有应得，对吧？可就在期限到来之际，他们就指名道姓，向我骂开了！您说，我做这做那，最后换来的究竟是什么？难道他们心中已有的信念，竟然让他们变得怨天尤人了？且不说无辜者如此横遭责骂，只说责骂者如此卑鄙，起码表明了命运的耻辱，不是吗？”

“您想知道，他们对我的最主要的指控是什么吗？是我企图袒护元老院。我怎么干这事呢？他们指责说，我一直在阻挠那些指控者，不许他们提供证据，本来凭这些证据，就可以定元老院的叛国罪。您又是怎么想的呢，女王？我应该否认这些指控吗，免得您为我感到羞耻？可是我的确希望元老院能够得到维护，我没法放弃这样的念头。那我承认这些指控好了？可是这样一来，就谈不上伺机阻挠其告发者了。那我得说，企图维护元老院秩序是一种错误的做法吗？凭着它那些冲着我而来的法令，这一秩序已经表明它本身是一个错误。可是，说是自我蒙蔽的疏忽，也无济于事；再说了，遵照苏格拉底的告诫，[①] 我想，隐瞒真相或者承认有错，对我而言都是不可取的。究竟这事真相如何，我要留给您自己去判断，留给哲学家们自己去定夺；当然了，这事的真实细节不能向后代隐瞒，故而我记录在此，以为存证。我为什么要提及那些伪证（其中有指控说我为罗马人的自由而折腾不已）呢？如果当初我同意采用了那些指控者自己的表白（因为这一点对这种种的事情都有至关重要的影响），那么，那些指控的虚假本来是显而易见的。现如今，若还有自由可言，又可指望何等自由呢？我则愿借凯纽斯之言作答：当卡里古拉说凯纽斯蓄意害他时，凯纽斯回敬说：‘如果我是蓄意的话，你就发现不了了。’就我而言，忧戚还未尝使我变得鲁钝，以至于不知道自己在抱怨那些恶人居然以恶报德；而是产生了一种疑惑：他们居然如愿以偿了！因为，尽管心生恶念对于人而言，未必是多么可怕的败迹，但

① Cf. Plato, *Republic*, 485 and *Theaetetus*, 151 D.

在神看来，恶人的念头难免都会对无辜者实施，这无疑是一件可怕的事情。无怪乎，您的一位学生会这样问道：‘若有神明，恶从何来？若无神明，善从何来？’① 那些想要侵害好人和元老院的恶人，自然也想置我于死地，因为他们以为我是替好人和元老院在抗争。不过，我之遭遇，还不光是元老院的问题吧？我想您应该记得，因您与我同在，我的一言一行都受您指引，当初君王②在维罗纳一心想要把对亚尔比努的叛国指控，归于整个元老院，因为他恨不得将元老院完全废除，而这时，我却奋不顾身地站出来为整个元老院体制正名。您知道，我言之凿凿，绝不是为了自吹自擂；因为，倘若一个人将所作所为公之于众，博取他人的议论，那么，暗暗自诩的心态就在某种程度上减弱了。然而，你也看到了，我是无辜的，可我的下场却是：我非但没有因为行善而受赏，反而因不曾做过的恶事而受罚。对某种罪行供认不讳，使得法官们一致主张严惩，就算有人心易于犯错、众生命运无常等理由，也无法得到他们的从宽处理，这世上有这样的罪吗？如果指控我的罪行是企图烧毁教堂、谋杀教士，或者谋害所有好人，那么，无论是实施还是图谋，无论是坦白罪行还是被抓个正着，我之受罚理所当然，无话可说。如今却因为我力挺元老院，而判我死刑、抄我财产，而我却远在他乡，无法为自己辩护。天啊！我敢断言，没有人会因为诸如此类的指控而被定罪！”

“那些指控我的人，深知其中的奥妙。为了用秽行来玷污我的为人，他们便谎称说我为了往上爬，昧着良心去干见不得人的勾当。可是有女王您居住在我内心啊，您驱走了我内心深处各种尘俗欲念；而在您

---

①　该两难的出处不详。编者大多认为它出自伊壁鸠鲁残篇 374（辑自 Lactantius, *De ira dei*, 13, 21）；但那是不同的问题（要么神能止恶却不愿止之，要么神愿止恶却不能止之）；此处所提的肯定不是伊壁鸠鲁的问题。我们可以在柏拉图那里找到它的起源（参阅 *Republic*, 379，以及 *Schol. in Remp.* 379a：*τ ύπος θεολογικὸς ὁτι πάντων ἀγαθῶν ὁ θεὸς αἴτιος, τῶν κακῶν δ' οὐδενός*“神圣理智之标志在于：神乃是诸善之源，而绝非众恶之源”）。它可能来自某位新柏拉图主义注释家，很可能就是阿蒙纽斯（Ammonius）。

②　指东哥特国王狄奥多里克。

眼皮底下干任何见不得人的勾当，都意味着十足的恶劣，因为您惯常向我耳提面命的是毕达哥拉斯的‘追随神’① 的教导。现在该是我来努力扶持卑下心灵的时候了，因为您一直为我预备的是优秀，您要让我变得跟神一样。再说了，我的房子也非藏垢纳污之所，我对好人也很友善，还有我那如您一般可敬的岳父也是正直的，所有这些事实都在排除我的犯罪嫌疑。然而指控者实在是冥顽不化，他们恰恰是从您那里攫取了这宗指控的相关证据：因为我沉湎于您的学说，并按您的方式得到培养，所以我看起来就像是非法分子的天然同党。可见，不光对您的尊敬于我无益，而且您也难免会因为我的冒犯而受辱。此外，我的问题还在于——我现在总算明白了：常识并不在乎定案得当与否，而只是关心命运的结局，只以成败论英雄。这样一来，人们首先关心的是好名声，不幸者失去的也是这个东西。我不愿去想，人们对我的事如何的飞短流长，如何的意见不一。我只是想说：一个可怜虫被控有罪，人们一准认为他是罪有应得，这便是不怀好意的命运要人承负的重轭。我行善换来的却是惩罚：如今我一无是处，名誉扫地，也无从反驳流言蜚语。我仿佛看到，那些恶人在其罪恶渊薮肆意制造罪恶，那些坏人在蓄意罗织一个又一个虚假的指控，而那些好人，则为我这样的遭遇而战战兢兢。那些卑劣、邪恶之人，因逍遥法外而愈发胆大妄为，因尝到甜头而变本加厉；而那些无辜者，则不仅得不到安宁，甚至连为自己辩护的机会也没有。为此，我不禁要大声疾呼。”

五　女王初详我的境况

啊，诸星圜周轨迹的制定者，

---

① 未必是毕达哥拉斯的说法，而是希腊“古格言”（vetera praecepta）之一，类似于各哲学学派所津津乐道的格言：“认识你自己”；Cf. *Cicero*，*De finibus*，iii. 73.

高坐在您那永恒的宝座上，
旋转诸天的策动者，
用您的规则固定着纷繁的星体——
比如，月亮时而盈满，明晃晃地
映照着太阳兄长的万丈光焰，
令众星黯然失色，
时而又靠近苍白的日神
失去了光泽，呈现出幽暗的面目；
再比如，夜幕降临时，
冷冷的金星升上夜空，是为昏星，
后来它又笼罩在初阳熹微之中，是为晨星，
如此日复一日，交替不已；
寒冬叶落之时
您拖着白昼迅速消逝，
夏日炎炎之际
您拽着夜幕匆匆而过。
凭您的权能，您定下了四时隆替的秩序：
北风狂扫，树叶纷飞，
春风吹拂，草木更生；
昨日大角星眼下蛰伏的种子，
成了今日天狼星晒着的茂盛庄稼。
万事万物，各就各位，
无一能摆脱您最初定下的规则。
您以大谋统领天下、指引万有，
唯独对于人的所作所为，
您完全可以管束，却不愿为之。
还有这命运为何如此圆滑善变？

罪有应得的痛楚，
却让无辜者去承受，
恶行称王称霸，
坏人无端得宠，
个个骑在好人头上作威作福。
美德黯然失去光泽
湮没在黑暗中，义人遭受
不义者的中伤，
伪誓也好，欺诈也罢，
披上虚假的色彩，
损害的不是他们自己；
有朝一日，他们乐意操弄权柄，
他们也会去颠覆
万民惧怕的君王。
而这世界的立法者，无论您是谁，
都请看一看这邪恶的世界吧！
作为万物之灵
我们人类却在命运之海中翻滚。
统治者，请抑制汹涌的波涛吧，
用您统辖诸天的稳固律法
使全地得享安泰吧。

在我如此这般的一番诉苦之后，她并未受我的抱怨的影响，而是以一种平静的口吻说道："看你哭哭啼啼的样子，可想而知，你深受流徙之苦；可要不是你亲口告诉我，我还真不知道你被流放到了何等遥远的地方。你背井离乡，漂泊到了远方！我是说漂泊，不是说驱逐；要是你非要说自己是被驱逐的，那好，我就说，你将自己驱逐到了何其遥远的地方！因为就你的情形而言，绝不可能由别的什么人来驱逐你。你一定记得，你的母邦是什么样子：它不像古雅典那样由多数人统治，而是‘只有一位统治者，只有一位君主’[①]，这位君主能够与民同乐，而不是热衷于驱逐人民；真正的自由莫过于接受他的领导，遵守他的公正。你自然很清楚，自己的城市具有古老而基本的律法，它明文规定：不可以放逐一个选择居住于此的人，是这样吧？在其城墙、防御设施内生活的各色人等，绝不受放逐惩罚之威胁；而要是谁不再想生活于此，那他也就不再享受那种保护。因此，我其实是因为观察你，而不是观察这地方，才有所触动。我不太主张用金碧辉煌的图书馆，来作为你心灵的储藏库，因为我在你心中存放的，不光是书籍，还有别的东西——往昔写在我书中的那些见解，它们赋予书籍以价值。虽然在你做的许多事情当中，你只是提到了一小部分，但你却是如实地反映了你服务公益的事实。你谈到了自己的诚实，或者说谈到了你所受那些指控的明显不可靠。你确实有理由认为，你只要略微提及那些指控者的恶劣行径就可以了，因为老百姓对这些事了如指掌，他们街谈巷议的话题总离不开这些内容。你一直在抨击元老院的不义行为。要是连我也挨了骂，这时候你都会感到无比难过；你为我的名声遭受玷污而痛心疾首。最后，面对你的厄运，你又一肚子苦水，抱怨说，你所遭受的都不是你应该遭受的，你的祈望，已经表达在诗歌的倾诉之中：祥和之气既已充满上天，也当笼罩全地。不过呢，既然你遭受了纷乱情绪的冲击，悲愤与痛楚将你往各个不同的方向拉扯，既然你已经处在这样的境况下，那么，强劲的药物已经不适合你，所以我们要先用温和一些的药物，这样，你因激动或忧心而造成的顽固，就可以通过我们轻轻的抚慰而得以软化，并进而可以接受大手术的治疗。”

① Homer, *Iliad*, ii. 204 – 205.

六　病根在于忘却真我

当硕大的巨蟹座
在阳光下烧灼之时，
那些往贫瘠的犁沟中
播下种子的人，
误以为有谷物收成，
却不得不在橡树下捡拾橡子。
本来你也用不着
在呼啸的北风中，
当小草尖尖叶儿瑟瑟作响之时，
在红树林里采集紫罗兰。
你想要吃熟透了的葡萄，就不要贪婪地
砍下春天的葡萄枝；
这样到了秋季
酒神便有厚礼相报。
神明排定了季节
使之各司其职；
他不容别人扰乱
他定下的秩序。
谁要是想改弦更张
我行我素
自然没有好下场。

“那好，让我先问你一些简单的问题好吗？这样我可以探明你的心思，以便我对症下药。”我说：“你随便问好了，我有问必答。”于是她问我：“你是觉得这世界是受着偶然事件的牵引，还是相信它有理性的引导？”我回答说：“我呀，压根儿就不认为，如此井然有序的世界会受偶然或机遇的驱使；我倒是相信，造物主正注视着并引导着他的造物，我丝毫不会放弃这些千真万确的道理。”她说：“没错，你刚才的诗句也是这么认为的：你一口咬定说，除了人类，其余一切都受理性统治；同时你又抱怨说，唯有人类被排除在了神的眷顾之外。可让我觉得奇怪的是，你有如此健全的思想，怎么还会得病呢？还是让我们再深入考察一下吧！我觉得是有某种东西失落了。既然你不怀疑这世界是由神明领导的，那请你告诉我，你觉得那会是一种什么样的统治呢？”

我告诉她：“我不大明白您的意思，这个问题我也答不上来。”“我说得没错，是有什么东西丢掉、失落了，就好比铜墙铁壁出现了裂缝，疾病就是从这缝隙中潜入到了你心里，我说的没错吧？不过，请告诉我，你还记得万有的归宿吗？整个宇宙是奔着什么样的目标去的呢？”

我说：“我听说过这事儿，不过，痛苦和悲伤已经使我记忆迟钝了。”

“那你起码记得万事万物的来源吧？”

“记得，”我说，“它们都源自神明。”

“你既然知道它们的来源，却怎么会不知道它们的归宿呢？看来这些困扰有其特点：其力量会使人错位，但又不至于叫人彻底迷失。我倒想看看：你还记得你是人吗？”

“怎会不记得呢？”

“那你说，人是什么？”

“你是问我，知不知道自己是理性、必死的动物？我当然知道，我承认这一点。”

“你确定，你不可能是别的什么了吗？”

“绝非其他。”

于是她说："那我就明白了，你另有病根，而且是要害所在：你已闹不清自己是什么了。这样我也就很清楚你为什么得病，以及怎样替你治病了。你因为神志恍惚、忘却真我，故而悲叹自己的流离丧财；你因为不明白万有的旨归，所以就说坏人走运、奸邪当道；你因为忘了这世界是受何种力量掌控的，所以就以为命运无常。凡此种种，轻则致病，重则致死。不过谢天谢地，你的本性并未全然丧失。你相信世事并非随机偶发，而是由神圣理性引导的；你对世界统治方式的真实见解，正是你得以康复的燎原星火。那就大胆点燃这一火苗吧，你将变得生机勃勃。当然了，现在还不是下猛药的时候。人心就是这样，一旦丧失真实的见解，便会捡起虚妄的见解，于是陷入了迷茫，遮蔽了真知。因此，我还得先来点和风细雨，化解一下你的迷茫，驱除妄见的暗昧，使你重睹真理的灿烂光辉。"

七　守真之道

乌云当空，
星月黯然。
南风激起，
海浪汹涌；
往昔风平之时
水波不兴，
如今沉沙泛起，
浊浪滔天
模糊了我们的视线。
蜿蜒而下的山间小溪，
往往被高崖落石

截流、淤塞了。
你也一样，如果你想要
看清真理
恪守正道，
那就远离享乐，
抛开恐惧，
摆脱想望和忧戚
因为只要有这些东西作怪，
心灵总要被蒙蔽。

卷二　祛蔽篇

一　命运老妖的无常本性

她沉默了片刻；她的静穆吸引了我。她又说："如果我诊断得不错的话，你的病因和病症是：欲望令你智昏，你贪图往日的好运。你以为这只不过是命运的一次波折，而这命运其实已让你一蹶不振。我很清楚命运老妖的诸般伎俩，尤其是，她往往用谄媚、讨好的手法蒙蔽世人，却又在他们毫无准备的情况下，遗弃他们，令其痛不欲生。你只需回想一下，她是怎么回事，她的所作所为和她的真实分量，你就会明白，你其实并没有什么大不了的东西掌控在她手上，你其实并没有失去什么。我想，这事儿，不用我多费口舌，你也想得起来。毕竟，往日她与你在一起，并笑嘻嘻待你的时候，你总是以严词斥责她，并援引哲学圣殿里的辩护来痛击她。然而，如此这般的人事骤变，难免会扰乱人心，就算是你，也一时间变得心神不宁了。于今之计，你得服下温和、可口的药物，这样，待你服用、吸收之后，你就受得了烈药了。所以，接下来，我们要采用循循善诱的修辞：它必须遵循正确的途径，切不可偏离我们的规则；它时而明快，时而低沉，与我们屋里的乐神翩然相协。"

"你这人哪，究竟是什么使得你如此的沮丧以致哭号呢？我想，你一定是受了异乎寻常的惊吓。你以为，命运对你的态度发生了变化；其实你错了。这乃是命运的一贯做法，这乃是她的本性。她对你所采取的做法，无非是一成不变地保持着自己的反复无常；当她满脸堆笑，以甜言蜜语诱哄你时，她其实还是那副德性。你已然看清了这股变色龙般的盲目力量：她在世人面前伪装得很好，可在你面前，却已暴露无遗。你若喜欢她，就追随她而不必抱怨。你若厌恶她的出尔反尔，那就蔑视她、拒斥她吧，因为她的把戏乃是要置人于死地。你觉得是她给你带来了巨大的创痛。本来，这命运应该让你心神安宁才对。她已经遗弃了你；谁也无法断定，她还会不会再遗弃人。既然这快乐注定要丧失，你还拿它当宝？纵然她的厮守靠不住，她的离弃令你伤痛，你还会觉得与你同在的命运是那么的亲切吗？如果你渴望她却不能牢牢抓住她，如果被她遗弃的人都落入悲惨的下场，那这位稍纵即逝的女神，不就是悲惨的一个明确标记吗？光想着眼前的事情是远远不够的：我们得谨慎地估量未来事物的发展趋势；纵然未来可变而模糊，命运的威逼也不再令人恐惧，其花言巧语也难以诱发对她的欲望。而一旦你的脖子被命运之轭套牢，你只能在其地盘上，默默承受发生在你身上的任何事情。你若要为你自愿选定的女主人定规矩，要规定她逗留多久、何时离去，你这不是作乱吗？你无法改变命运，但因为你的急躁，你的运道不是变得更糟了吗？如果你借风起航，你就得顺风而动，不能随心所欲；如果你在地上播种，你就得以丰年来平衡灾年。你已全然将自己交由命运统治：你就得对女主人言听计从。难道你真的要阻止命运之轮的转动吗？你简直愚蠢之极——因为，命运之轮一旦停止，那它就不是命运之轮了。”

她挥舞铁腕，旋转着变化之轮，

时而这边，时而那边，如同潮汐般涨落，[①]

---

① 急流海峡（Euripus）是将优比亚岛（Euboea）与维奥蒂亚（Boeotia）隔开 的一条狭窄的海峡，也泛指波涛汹涌的海峡。

无情践踏着历代的霸主，
同时托起被征服者的低垂之脸——
目的只是为了嘲弄他；
她漫不经心，既不聆听，也不关心
悲惨者的哭号；她在其呻吟声中嘲笑着
而种种的呻吟都是冷酷的她一手造成的。
她看见一个人的载浮、载沉
与此同时
她向臣民们展露奇迹，
她就这样玩耍着；她就这样证明着自己的力量。

二　命运的口吻："人欲不知餍足"

"不过，我还想用命运的口吻，来谈一下你的问题；看你是否觉得她不对。她说：'你这人啊，为何每天都抱怨我呢？我有什么对不住你的地方吗？我剥夺了你的什么好处呢？无论让谁来评判，你我都可以辩论一番财富和职位的拥有问题；假如你能够证明，其中有哪一样东西是必死之人的财产，那我就毫不犹豫地、欣然地承认，你想拿回去的那些东西确实是你的。你从母腹呱呱坠地之时，我便接受了一丝不挂、一无所有的你；我照料你，随时善待你，甚至用我的财富娇纵你、溺爱你（正因为如此，你现在才会这样恨我）。我竭尽所能，令你的生活充满了优渥和显赫。而今我乐得撒手不管了。你得感谢我，让你享用了原本不属于你的东西，而不应该抱怨，仿佛是你自己的东西丧失了似的。所以，还有什么好悲伤的呢？我可没有侵害你啊。财富、荣誉，等等，都受我支配，都是我的婢女；她们眼里只有女主人我，她们随我而来，伴我而去。我可以明确地告诉你，你抱怨失去的东西，如果真的属于你，那它们绝不会失去。为何单单不许我行使权利呢？天空时而明朗，时而沉入夜色之中；岁月可以在地表编织花果之冠，然后雨打霜冻，令其面容变得模糊不清；大海也能够面带安详的笑容，然后震颤着，掀起惊涛骇浪。而我，难道就应该在人类不知餍足的欲望支配之下，保持着一成不变（而这种不变却有悖于我的本性）？因为，我的本性——我的永久的游戏——乃是：我敏捷地转动着飞轮，我乐意让尊者为卑，使卑者为尊。你若要上升，那就上吧；但是，一旦我的游戏进程要你掉下来，你可不要怪我。我怎么做事，你该不会不知道吧！吕底亚国王克吕萨斯的故事，你总清楚吧？这位居鲁士的死敌，眼看就要被大火活活烧死，结果老天一场大雨，救了他。[1] 仁者爱米留·保罗，曾经俘虏了帕耳塞斯国王，却又为其命运潸然泪下，这事儿你总还记得吧？[2] 命运无端倾覆欢乐之国，此等悲剧怎能不令人扼腕？朱庇特庙前摆着“两个坛子，一个盛着厄运，一个盛着福祉”，你小时候听过这故事吧？[3] 假使你拥有了更多的福分；假使我全然遗弃了你；假使我的善变正好给了你理由，使你有了更好的盼头：那你也不要埋怨，更不要奢望生活在为你特设的律法之下，因为你也不过是芸芸众生之一。’”

即使丰产女神罄其丰饶之角
流出的财富之多
如同大浪搅起之沙；又如繁星
闪烁在洁净的夜空，
她的手忙个不停，
人类也不会停止

---

① Cf. Bacchylides, iii. 23－62; Herodotus, i. 86－87.

② Cf. Livy, xlv. 7；但这个故事很可能来自 Pacuvius 的 *Paulus*（罗马戏剧），该剧系由公元前 168 年爱米留·保罗战胜马其顿国王帕耳塞斯一事改编而来。

③ Homer, *Iliad*, *xxiv*. 527.

抱怨自己命苦。
即使神备下黄金厚礼
回馈人们的祈求，
又将赫赫尊荣，赐给逐名之人，
但这些名利，他们根本
不放在眼里；他们那难填的欲壑
还在打开新的胃口；只要
那些金玉满堂的人
内心依旧燃烧着攫取的热望，
还有什么样的槛儿
能够缚住这贪婪的欲望？
他战栗着，呻吟着，要这要那，
永不餍足。

三　其实我还是个幸运儿

“要是命运以这等口吻替自己辩解，你恐怕不知如何应对，是不是？如果你确实有话要说，表明你的抱怨有理，那你就说出来——现在该你了。”

于是，我说：“这番话似乎很动听，有修辞，有韵律，甜美得很。落魄者听了这等甜言蜜语，自然受用一时，不过其内心却藏着深深的委屈，一旦耳畔没了甜言蜜语，其内心深处的悲怆便会再度将他压垮。”

她答道：“不错，它们确实还不能用来替你治病，而只不过是贴在你那难治伤口之上的外敷药而已。一旦时机成熟，我便会下一些渗透力更强的药物。不过，你没有理由做可怜状。你可别忘了你蒙福之多、之广。这事就不用我多说了：你丧父后便得贵人照拂，并得以与国内上等人家结亲，这种亲属可谓难得之极，甚至在你正式成亲之前，你就已经深得他们的喜爱。入赘如此显赫的家族，与如此贤淑的妻子结为连理，又有多福子嗣承欢膝下，谁不称羡你呢？你年纪轻轻就得了那些名衔（别人可是到老也得不着啊），这事我也不提了（司空见惯的东西也就少提了）。我单说你独有的辉煌。当你看见家中两个儿子双双成为执政官，置身元老之中，并受到欣喜的百姓簇拥的时候；当你发表颂扬君王的演说，并因其精彩而博得阵阵掌声的时候（其时两儿正坐在元老院显要席位上）；当你坐在两位执政官中间，以一种凯旋时刻的慷慨，满足你周围的集会群众的期盼和期待的时候——如果说人世间的这些事情确实带来了真福的话，那么，接连的灾祸，无论它有多严重，难道会抹去你往日荣耀的记忆吗？当命运爱抚你、拥抱你、视你为宠儿时，我想你准是在赞美她！你收到的这份礼物，她以前可是从未给过任何公民。你难道还非得要与她算账不可吗？而今她才第一次白眼待你啊。倘若你衡量一下你遭遇喜事和祸患的数量与种类，你就不会否认，你迄今为止还是个幸运儿。如果现在，你觉得自己不幸，因为以往的欢乐之事逝去了；那你也没有理由说自己悲惨，因为你如今以为悲苦之事，也会烟消云散的啊。难道你是新手，是陌生者，才刚刚跨入人生的舞台？岁月如梭，人生场景一幕幕推移，难道你还会觉得世事中有恒常的东西？就算他还可以坐吃命运的馈赠（这种情况很少见），但一旦他撒手人寰，命运的遗产也就没了。因此，到底是你一死而把命运抛弃，还是命运将你抛弃，这又有什么区别呢？”

太阳神从玫瑰色的车驾上
投射光明，穿越了天际，
它那四射的光芒
令群星黯然失色。

西风和煦
玫瑰羞红了春天的林地；
一旦南风肆虐
带刺的花儿也失去了芬芳。
海面时而波光粼粼，
安详、静谧；
时而北风吹打，风暴怒发
海浪翻滚。
这世上的美，常变、难留，
因此啊，请相信流逝的命运，
以及人间昙花一现的享乐吧！
永恒不变的法则告诉我们：
凡是生成者，都不能永驻。

四　幸福是有理性者的至善

“女士！”我答道，“是您养育了一切美德，您说得没错；我的确生活美满，无论它多么短暂，我都无法否认。但最折磨我的，也正是这一点；因为在种种的命运祸患之中，最令人难堪的不幸莫过于知道什么是幸福了。”

“其实你是咎由自取，不要怨天尤人。如果你真的对命定幸福这个空名斤斤计较，那我们就来看一看，你如今还享有多大的福气。要是在你的财富清单里，依然有一件最宝贵的东西，承神明保佑而依然保持完好；那么，（你既然还拥有最可宝贵的东西）你还有什么理由谈论自己的不幸呢？首先是你岳父西马古斯，这位相当体面的人还活得好好的；他充满了智慧和美德（这境地可是人们梦寐以求的啊），因而他全然不顾自己的难处，所以啊，他的伤痛与你相比，有过之而无不及。其次是你妻子，一个淑静、优雅的好女人，一个总而言之有乃父之风的女子，还活着；我说，她还活着，就是为了你，她纵然憎恶这生活，也依然要活下去——不过，我也得承认，长此下去，你的福分要衰减，因为她思念你，以泪洗面，日见憔悴。还要我提及你那两个当执政官的儿子吗？他俩自孩提时起，就显露出了有似于乃父、乃祖的天分。虽说保全性命乃人之常情，但如果你能看到自己的福气，你依然享有那些无疑比生命还宝贵的东西，那你还不幸福吗？所以，请擦干你的泪水吧。命运未尝憎恨你的每一个家庭成员，也未尝用太过猛烈的风暴击垮你；至此，一副副船锚依然稳固，你既不缺乏眼前的慰藉，也不缺乏未来的盼望。”

我说：“我祈望它们继续保持稳固。因为，只要它们还在，那么，无论出什么事，我都不会被淹没。可是，您也看到了，我之前多少的显荣，都没了。”

她说：“好啊，你若不再为目前的整个境遇而忧戚，我们就已经有稍许进展了。不过，哪怕你只抱怨自己的幸福美中不足，我也不许你沉溺于此等忧患之中。又有谁能够幸福美满到无可挑剔的地步呢？因为，就人而言，有好运也未免会有烦恼；人不可能完全占有好运，好运也不会永远相伴随。有的人很有钱，但为出身的低贱而羞耻；有的人因出身高贵而闻名，但是穷愁困顿，还不如默默无闻的好。有的人钱财既多、出身也好，却孑然一身，枉自嗟呀；有的人婚姻美满却无子嗣，积攒了钱财只留待他人儿孙去继承；而有的人幸有儿女，却又为儿女不肖而落泪。所以说，人的命运境况，总有不如意之处；家家都有难念的经，只是不为外人所知而已。再说了，最快乐的人也往往是一些多愁善感者，除非事事如意、不折不扣，他们根本承受不了任何逆境，哪怕一丁点儿挫折，都让他们消受不了。甚至是最微不足道的事情，也能够把最幸运的人从其幸福之巅推下来。想想看，有多少人，只要还遗留着一丁点儿运气，就会觉得自己好像生活在天堂里一样！这地方，对你是所谓的流放地，对本地人，却是他们的家园。因此，没有什么是不幸的，除非你自己这么想；同时，人只要随遇而安，就会处处发现幸福。一个幸福的人，只要尚存不知足的心，便会设法改变现状，不是吗？人生幸福的甜美，要遭受多少苦恼的践踏啊！人享有福气时，自然觉得欢欣，但福气要溜走的时候，谁又能阻挡得了呢？可见啊，人世间的幸福实在可怜得很，因为它，既不为满足者久留，也不为落魄者尽力。”

“其实幸福在于内心，你们这些凡人，为何却要向外求福呢？谬见和无知已使你晕头转向。看来，我得向你明示，何为至福之所系。对你而言，还有什么比你自己更珍贵的呢？你会赞同说，没有了。因而，你若拥有自己，也便拥有了你永远不想失去的东西，即使命运也夺不走它。既然幸福不在于此生命定之事，那就这样来看待它：倘若幸福是有理性者的至善，而凡是能够被褫夺的都不是至善（因为不能被褫夺者显然更胜一筹），所以，无常命运显然不足以赢得幸福。再者，在此种虚假幸福里讨生活的人，对其变化无常，必然是或知情或不知情。若他不知情，那么，在这种茫然无知当中，他的处境真的是幸福的吗？若他知情，那他必然会为可能丧失的幸福而患得患失，而没完没了的担忧，也未免会影响他的幸福。也有可能，他丢了这幸福，却觉得无关紧要？要是这样的话，那这种幸福，准是蝇头小善而已，就算丢了，他也无动于衷！既然，据我所知，你仍有诸多理由深信，人心绝对不会朽坏，而受命运支配的肉体享乐，终将随着人的一死而百了；那么，你也就不会怀疑：虽然肉体享乐会带来欢愉，但有朽者终究不免因一死而落入悲惨的境地。既然我们知道，有许多人寻求福乐，走的不光是死亡的途径，而且还用苦行和折磨的法子，因而，生命的逝去尚且不能令其悲痛，现世的生活又怎能让他们幸福呢？”

谨慎的人

想要建造一座房屋，它耐用
牢固，既不会被呼啸的东南风
吹翻、倒塌，
也不会被汹涌的海浪
击打、碎裂，
他既不会选高山之巅，
也不会选流沙大漠；
因为一方面，肆虐的南风
会把它吹倒；
而后者流动，也难以
承重，摇摇欲坠。
千万别冒险
其地虽美但藏危机。
要小心一些，有把握一些：
要将你的房屋
立在低处岩石的地基上。
这样一来，哪怕有风暴
在海面上掀起轩然大波，
你依然在坚固的墙壁内
安然无恙，
你安详地过着你的日子
微笑着面对所有来自天上的怒火。

五　财富未免累害

“既然我的论述，像一副外敷药一样温热了你，我想，接下来可以下一些猛药了。假使命运的馈赠并非转瞬即逝或昙花一现，请问其中会不会有真正属于你的东西？或者稍作反省，看看是否有并非毫无价值的东西？财富究竟珍贵与否？究竟属不属于你？如果有，那你最看重什么？金子？一大堆钱？可是，散财比敛财更受人推崇，因为，贪婪讨人嫌，而慷慨则使人闻名。但财富一旦转给他人，你便不再拥有它，因而钱财只有在落入他人之手，也就是说，在给了人而不再拥有的时候，才显得珍贵。倘若世上钱财敛聚一人之手，那别的人都将在缺钱的境地中生活。声音可以同时供众耳聆听，可是你的财富，若不经分割，便不能分给众人。而一旦分割了钱财，那割舍了钱财的人就难免会变得比原先贫乏。财富啊，你是多么的贫乏和小气！不可能人人都完全占有你；你到了这家，便不免要剥夺另一家！"

"璀璨的珠宝很引人注目是吧？可是，珠光宝气再怎么让人赞叹，那光芒也属于珠宝，不属于人类；人类趋之若鹜，实在是匪夷所思。它缺乏生灵的构造和律动，而有理性的活人竟然觉得它美，它凭什么？虽然仗着造化之手，兼有自身的特质，珠宝也有某种低级的美，但与人类的卓越品质相比，它们还差得太远，它们无论如何也不值得你去崇拜。"

"田园风光令人心旷神怡，可不是吗？在美丽的造物中间，它可是瑰丽的一部分。有时候，我们陶醉于大海的静谧，有时候，我们仰慕天空和日月星辰。这些东西，有哪一样是属于你的呢？你敢拿它们的壮丽来自我吹嘘吗？用繁花点缀春天的，是你吗？用自己的多产催熟了夏果的，是你吗？你为何热衷于空虚的享乐？为何拥抱外在的好东西，仿佛它们就是属于你的？自然造设而不属于你的东西，命运也无法将它变成为你的。地上的水果，自然要供生灵取食。而你，若要满足你的所需，而且这需求是天然充足的，那你就用不着向命运索要多余的部分。因为，就天然而言，只要不多、不大的一些东西就足够了；你若要在满足之外追加奢侈，那你的所加，要么让你难堪，要么大大有害。"

“你也许觉得，穿着各色令人羡慕的华服，是一件美事吧？如果说，华服的外观确实赏心悦目，那我要赞美的，不是它的料子就是它的手工。或者，你为家中奴仆成群而感到快乐？可要是他们纷纷干坏事，他们就成了一家毁灭的负担，对主人而言也是极大的祸害。倘若他们忠诚，那么，别人的忠诚，又怎能算在你自己的财产里面呢？可见啊，你算在私人财产里的，没有一件属于你。而要是它们身上没有你想要的美，你为何还要为失去它们而悲伤，为拥有它们而窃喜呢？如果它们天生就是美，这又关你什么事呢？就算你不拥有它们，它们还不照样美满。并非因为它们成了你的一部分财富，所以它们才宝贵；而是因为你觉得它们宝贵，所以你才会将它们计入你的财富之中。”

“你口口声声向命运索要的是什么呢？我觉得，你想要的是以奢侈取代需要。不过呢，你的结果却是适得其反。因为，你还需要许许多多的帮手，来帮你保护各色各样的贵重财富！确实，唯有那些拥有万贯家财的人，才会要这要那；倒是那些照着天然需求、而非照着无度虚荣来调节自我满足的人，要的最少。难道你没有属于你自己的好东西，非得要从外在事物上索要你的财富吗？难道自然状态就这么被本末倒置了吗？难道人这种有生命、有理性，因而有似于神的动物，就只能靠占有无生命的物质，来使自己显得光耀了吗？别的东西都安分守己；而你们这些心灵通神的人类，却盘算着要用低等的事物，来矫饰你们那原本卓越的天然，而全然不顾你们这样做，对造物主造成了多么大的伤害！他要人成为万物之灵；可你们人类却自贬身价，甚至贬低到连最低等的事物都不如。因为，如果我们同意，事物之善要比其拥有者有更高的价值，那么，当你断言最低等的事物属于你的财富时，你其实在自己的心目中，已经心甘情愿地将自己放在了它们之下！因为就人的天性而言，只要他还认得自己，他就比其他东西高级；而一旦他不再认得自己，他就连猪狗都不如。其他动物天生就没有这种自我认识；但对人而言，没有了就是一种缺陷。你们以为，将他物之美加诸己身，便可以抬高自己，其实你们偏离了自己的真正状态——偏离得何其遥远！这根本行不通；要是某物因包装而显得精美，那受称赞的是包装，而包藏在其中的东西，其脏与丑则依然如故。所以我说，任何东西，只要对其拥有者有所损害，便不是好的。我说错了吗？你告诉我：一点不错。财富不是一直在坑害其拥有者吗？那些品行卑劣的人，因其卑劣而更加贪图他人财物，这等人总是以为，只有自己才有资格拥有世上所有的金银珠宝。所以，你整天提心吊胆，怕有人攻击你、谋杀你；而要是你像一个两手空空的旅客，踏上今生的道路，你自然会对强盗一笑置之。[①] 咳！多么该死的人间财富！你一旦得到它，便不得安宁。”

过去的岁月多么愉快
那时人们尚未沉溺于慵懒的奢华，
靠着大地的厚德而富足
用闲暇采集的橡子
饿的时候来充饥。
他们还未学会
用纯蜜来调酒；
也不知用泰尔紫
来漂染那耀眼的丝绸。
绿野之上，他们睡得香甜，
涓涓溪水为他们解渴，
松木参天，蔽日成荫。
他们未曾驾船远涉重洋，
未曾在异乡为异客

① Cf. Juvenal, *Sat.* x. 20–22. 内战结束后的奥古斯都帝政初期，意大利沿途多有强盗和土匪出没，罗马旅行者兜里揣着钱币，一路上都为强盗的刀剑而担惊受怕。

也没有海外通商。
那儿听不到催逼的冲锋号，
也不见有人为仇恨挥洒鲜血，
来染红一片狼藉的战场。
明明知道，流血了也没有好报
结果只有创伤
为何人有了敌意
还非得要先打上一架？
试问我们当今的时代
还能重新踏上那古老而美好的道路吗?!
可是现在，那焦灼的占有欲
爆发得比埃特纳火山还猛烈。
块块黄金，曾经深埋地下，
颗颗宝石，藏得更深——
啊，是谁
最先挖出了这些危险而又珍贵的东西？

六 权力屡做帮凶

“你把官职与权力捧上天，而全然不顾其真正的价值和真实的力量；对于你所珍视的这些东西，我该说些什么好呢？这些东西一旦落入恶人之手，其后果，恐怕连爆发的埃特纳火山或洪水所造成的破坏，都难以相比吧？我想你还记得，罗马的先辈因为执政官专横，而试图废止他们的权力，这事儿早就成了罗马自由的开端；同样是这些罗马人，还因为看不惯帝王的专横，而将其权力和名号从这个国家抹去了。[①] 是不是只要这些职权交给了好人（这种情况很罕见！），那么，体现在这些职权之中的唯一可接受的善，就必定是拥有职权的那些好人的善？看来，结论不会是美德因职位而受尊重，而是职位因任职者的美德而受尊重。"

"你们趋之若鹜的著名权力，究竟是什么呢？你们这些平凡的动物，是否该扪心自问：你觉得自己能够对谁发号施令？又怎样发号施令？倘若你看到鼠群中有一只声称，自己拥有超越万鼠之上的权力，你会笑成什么样子！既然你眼里只有肉体，你倒说说看，还有比人更脆弱的吗（因为只要小小飞虫咬上一口，或者爬进内脏，就有可能把人杀死）？人对人行使权力，除了针对其肉体，或针对比肉体更低级的东西（即其财产），又能针对什么呢？无论是谁的自由心灵，你能指挥得动吗？心灵因理性而融为一体，你能打破它与生俱来的宁静吗？以前有个暴君，以为拷打一个自由人，就可以叫他供出那些谋反者，却不料那人咬断了自己的舌头，而且还将舌头吐到了这位怒不可遏的暴君脸上。[②] 可见，暴君用严刑拷打作为展现残暴的工具，而那位哲学家则把它变成了展现美德的工具。世上还有什么事，能对别人做，而日后不会落到自己身上呢？书上说，布西里斯（Busiris）常常杀他的客人，而他自己，却又被客人赫克利斯（Hercules）所杀。[③] 雷古勒斯（Regulus）曾把俘获的迦太基人锁上镣铐并关进大牢，可

---

① 按传统的说法，双执政官制度始于公元前509年左右，其时国王遭逐；在"等级之争"过程中，贵族执政官的权力日益受限——"等级之争"持续了近150年，其起点是公元前495年护民官制度的建立，这时平民选出了他们自己的官员（即护民官）。

② 自由人是指德谟克利特学派哲学家阿那克萨库斯（Anaxarchus）；暴君是指尼科克里昂（Nicocreon）。对罗马人而言，阿那克萨库斯是无视痛苦的范例。Cf. Cicero, *Tusc.* ii. 52; *De Nat. Deor.* iii. 82。故事出自 Valerius Maximus, III. iii. 4 以及 Diogenes Laertius, ix. 59.

③ Hyginus, *Fabulae*, 31. 2.

后来他却发现，自己的双手被抓他的人锁上了镣铐。[①] 谁都有可能以其人之道还治其人之身，你说这人还有什么真正的权力可言？”

“再想想：如果职权本身有真正的、固有的善，那它们就绝不会落入恶人之手；因为对立物的结合是不正常的——自然厌弃矛盾的联合。既然恶人在位当权是司空见惯的事，那显然职权本身并不是善的，因为它们任凭自己如此这般地与恶结合。同样，我们有充分的理由断言：命运的所有馈赠也复如此，因为恶人享尽了荣华富贵。我们还可以这样来说明问题：看见一个人表现勇敢，我们会毫不迟疑地称之为勇敢者；拥有敏捷性的人当然是敏捷的；同理，艺术使人成为艺术家，医药使人成为医生，修辞使人成为雄辩家。真可谓各安本分、各得其所，既不杂异质，也不接纳反面的东西。但是，财富无法消除贪婪，因为它不知餍足；如果人沉溺于贪欲，权力也不能使之自律；授高位给不忠之人，当然不般配，甚至可以说是在揭露和公示他们的不配。这何以见得呢？因为，你们往往喜欢给事物取这样的名字——它们是与事物不符的虚名，而且它们会因为事物本身的功效，而赤裸裸地暴露出自己的虚假；所以，你们不能恰如其分地称之为财富，称之为权力，称之为荣誉。最后，我们同样可以来归结一下人的命运的问题：命运中委实没有值得追求的东西，也缺乏固有的善，因为它并非总是与好人结合，也未尝把与它结合的人变好。”

我们知道那人干尽了坏事
市内火光冲天，元老遭受杀戮，
他的兄长被杀害，他的毒手
沾染了他母亲身上涌出的鲜血——

---

① Cf. Cicero, *De Off.* iii. 99, and esp. *Aul. Gell.* vii (vi) . 4.

他盯着她冰冷的尸体
竟然连一滴眼泪都没有
只是冷冷地品评她的凄美。①
而他手中挥舞的权杖，管辖着
天下百姓，遍布太阳升起的遥远东方
直至太阳落下的西方滨海，
还有大熊座寒光照耀下的臣民
以及飕飕南风炙烤下的人们
(正是这南风烘烤着大漠)。
为何权倾天下
还改变不了他的丧心病狂？唉，刺刀加毒药
一次又一次地充当了这该死尼禄的帮凶！

七　荣誉往往空泛

她一说完，我便答道："您知道，功名利禄，于我如浮云；但我需要参与国务的机会，好让我行善的斗志不因虚掷的光阴而消磨。"

"人心固然生来卓越，但其潜质尚未达到成熟、完满的地步，因而人们最为心向往之的一件事情，就是渴望为国效劳、建功立业。可你想

---

① 尼禄（54—68 年在位）毒杀了继父克劳丢之子、皇位继承人布瑞坦尼库斯，当时他那野心勃勃、诡计多端的母亲（克劳丢遗孀）阿格莉皮娜有意扶持布瑞坦尼库斯与他作对；阿格莉皮娜还袒护尼禄之妻奥克塔维亚，而尼禄却在情妇波皮娅唆使下，先杀了阿格莉皮娜——据塔西陀记载："有人说（也有人否认此事）：尼禄看着死去的母亲，赞美她的形体"，见 Tacitus, *Annals*, xiv. 9——后又杀了奥克塔维亚，并把波皮娅封为皇后。此外他还是杀害顾问布鲁斯、太师兼谏官塞涅卡、诗人卢坎以及诸多贵族的元凶；还有许多基督徒在公元 64 年的罗马大火中丧生，于此他也难辞其咎。他于公元 68 年自杀身亡。

想看，荣誉是多么华而不实的东西，全然没有分量！由天文学的证据[①]可知，地球这一圈，与寰宇相比，不过是个小点；也即，它的大小，与天球相比，简直可以说是微不足道。托勒密[②]的论证表明，在这宇宙的小小一隅，也只有四分之一的地方居住着我们所知的生物。你再想想看，从这四分之一里面，再除去海洋与沼泽，以及干涸的广大沙漠地区，供人类居住所剩下的地方其实是极其狭小的部分。你不就是想要在这个封闭的小点、这个点中之小点里面，扬名立万吗？这荣誉局限于如此狭小的范围内，还能有多少的庄重或雄伟可言？更何况，在那小小范围内，还生活着诸多民族，他们语言有别，风俗有异，生活方式各不相同；由于来往不易、语言不通以及极少通商，别说是个人的名声，就连城市的名声也难以传扬。西塞罗曾经提及，[③] 在他的时代，罗马共和国的声誉也未能越过高加索山，而那时的罗马正处于鼎盛时期，让帕提亚等地的人好生畏惧。这样，你是不是明白了，你孜孜以求并向外传扬的荣誉，该是多么的褊狭、多么的有限？难道要让罗马人的荣誉，传扬到罗马的声望都达不到的地方去？况且，民族风俗习惯千差万别，在这里受赞扬的东西，换个地方，没准就要受到判罚了。所以说，就算人们乐见自己声名远扬，但声震万邦对他未必是好事。因此，各人但求自己的荣誉在本族内家喻户晓，其不朽的名声也得限定在一国的范围之内。”

“又有多少人，活着的时候赫赫有名，却因缺乏文字记载，到了今天已被完全忘怀？也有记下来的，但记录及其作者都遗失在了漫漫岁月的暗昧之中，这样的记载又有什么用？你计较身后之名，以为那是在为

---

① Cf. Macrob, *Somn.* ii. 5—9, esp. 9；马克洛布说：“他津津乐道于地球的渺小，是为了让勇者不去计较名誉，因为在如此狭小的地方，并没有什么大不了的名誉。”

② 托勒密（Claudius Ptolemaeus），天文学家和地理学家，2 世纪上半叶在亚历山大里亚从事研究；他曾在《天文集成》（*Almagest*）一书中总结了他那个时代希腊天文学的知识。该书名源自其晚期希腊题名ἡ μεγίστη（σύνταξις），后者（连同冠词“ἡ”）曾被译成阿拉伯语。托勒密在《地理学集成》中谈到地球上已知居住地甚为狭小。

③ Cic. *Rep.* vi. 22；但波爱修引述的是 Marcobius 有关 *Cicero's Republic*, ii. 10 的注释。

自己的不朽铺路。好好想想永恒的无限时空，你究竟有什么理由，为自己留名长久而沾沾自喜呢？因为，瞬间与万年相比，都不过是一段特定的时间，一个确定的部分，甚至是微小的片段而已；就算是万年或其任意倍数，也根本无法与无限长的时间相比。因为，无限的事物之间可以比较，而有限与无限永远不成比例。因此，无论留名多久，一旦放到永恒的背景上去考虑，就会显得微不足道。然而，除了随波逐流和投靠虚名之外，你竟然不知道该怎么做才好了；你全然不顾你对德性的认识有多么卓越，而偏要拿他人的评头论足来作为自己的奖赏。看看人家是怎样嘲笑这种自大的小人物的：他曾经挖苦过一个人，那人不是为了践履真正的美德，而是出于虚荣而自诩为哲学家（以此来抬高自己的身价）；他还说，如果那人能够平心静气地忍受各种羞辱，那他就会认其为真正的哲学家。于是，那人忍气吞声、忍辱负重，一段时间之后，便得意扬扬地问：'这下你承认我是哲学家了吧？'他则不客气地回敬那人：'如果你不吭声的话，我倒觉得你是了。'① 然而，名声能够给精英们带来什么呢——因为我们这里要谈的就是这些人，他们凭美德而获得荣誉——请问，在他们身故之后，究竟还有什么？如果人整个儿消亡了（其实我们的立场不允许我们这么认为），荣誉就什么都不是了，因为荣誉的所有者已经不在了。可要是有一个灵魂，能够完全意识到自己的本性，能够从世俗的牢笼里解脱出来，自由地追寻它在天上的家园，那它不会视俗务如粪土，并为摆脱俗事、得享天福而感到欣喜吗？"

追逐荣誉的人
无非是觉得它至高无上，
让他对比一下天之广大

① 适时沉默乃是哲学家的标志，这似乎是一个老生常谈（Cf. *Proverbs* 11. 12）；但故事的出处不详。

与地之狭小：
他就会觉得自己徒有虚名，因为它
连一时的野心也满足不了。
为何骄傲者（自负者!）
总想摆脱他们脖子上的
死亡之轭？
即使名声远播，
万民颂扬，
即使门第显赫，头衔众多，
但死神却无视这等荣耀
他将卑微者与骄傲者一起拥抱，
无论高低，一视同仁。
义人法布里修的尸骨于今何在？
布鲁图斯和苛刻的老卡图，都变成了什么？
他们已经默默无闻——唯有他们的名字
还在几则老故事里流传！
就算是读到了、学到了他们的鼎鼎大名
难道我们就认识了死者？
所以你呀，也要被彻底遗忘，
名声不能叫人认得你。
可你想，起码还有名字挂在人们嘴上
也可谓活得更久一点了，
而一旦你的末日，把这也给剥夺的时候
难免的
你还要再死一次。

八 “厄运优于好运”以及爱的法则

“我要你知道（免得你以为我与命运是死对头）：有一种场合，命运毫不骗人，且有功于人——这时她公开亮相，脸上毫无遮拦，并公布她的手法。也许我说的，你还不明白。我想告诉你的，乃是一些不可思议的事情；我很难用语言来形容。因为我觉得，对人类来说，厄运要优于好运。当命运笑嘻嘻、带着幸福表情的时候，往往是在骗人，而当她摆出一副反复无常的面孔时，她却总是诚实的。前一种命运在行骗，后一种命运在教诲；前者束缚人心，因为看上去，人所享受的好处是蛮好的；而后者则解放人心，它让人知道世俗幸福的脆弱。所以你就看到了：其中一个变化无常、四处奔忙，而且难以预料；而另一个则稳定不变、有备而来（伴随着苦修），并且充满睿智。当命运带着幸福的表情时，她是靠谄媚来诱导人，使之偏离真善、误入歧途；反之，她则会把误入歧途的人向着真善拉回来（仿佛是它长了钩子一样）。正是这个粗鲁、可厌的命运，分辨出了你的挚友，并且，她在离弃你的时候，把自己的同类带走，把你的同类留下，以此在你的同伴里分出了忠实与不忠实；关于这一点，你肯定不会觉得是无关紧要的吧？在你未遭变故的时候（或在你所谓的幸运状态下），你可要付出多么昂贵的代价，方能获得此种认识啊！你口口声声抱怨，说你失去了财富；但其实，你已经找到了世上最宝贵的财富——真正的朋友。”

在充满节律的和谐中
世界变化而动；
彼此争竞的种子
遵循着永恒的律法而维持平衡；

太阳神驾着金色马车
带来玫瑰色的曙光
让他的月神妹妹统治
由长庚星带来的夜晚；
吞噬的波涛
被限定在固定的疆域，
大地也不得越界
伸展到境外。
是爱
统领着大地、海洋与天空
使万物彼此维系成序。
一旦爱放松了缰绳
相爱、共处着的万物
顷刻间便陷入了混战
硬是把它们合力推动的
正在好好运转的
世界机器给摧毁了。
爱也用神圣的纽带
团结了万民，
系上神圣联姻的纽结
坚贞的爱人永结同心；
也是在它的法则之下
人们志同而道合。
啊！幸福的人
如果爱统领了群星
也愿它统率着你们的内心！

卷三　卸轭篇

一　先卸下项上之轭

她吟诵完毕之际，那甜美的歌儿仍萦绕在我耳畔，打动我，使我心静，想再听下去。因而，稍后我便说："噢，安抚灰心的能手，您用有力的论述和悦耳的歌儿，令我复苏了！好极了，我再也不觉得命运待我不公了。所以现在，我不仅不怕您所说的那些更苦点儿的药，反倒恳求您施用它们，因为我很想再听您说下去。"

她答道："我感觉到了这一点，我说话的时候，你是那么的全神贯注、专心致志，而你现在的心态，正是我所期盼的，或者说得更准确点，这是拜我所赐。接下来要用的药，也许会刺激舌头，但咽下后就甜了。既然你说想再往下听：那要是你知道了，我将把你引向何处，你还不要欣喜若狂了！"

"引向何处呢？"我问道。

"引向真正的幸福，"她说，"那也正是你梦寐以求的，只是你现在满眼幻象，一时还看不出究竟。"

于是我就说："求您了，快告诉我，快明示我，真正的幸福究竟是什么。"

她回答说："为了你，我乐意。不过首先，我还要说上几句，把你懂的内容概括一下，这样你的视线就愿意转到事情的另一面，你也就能够认出真正的福是个什么样了。”

无论谁，想要开垦处女地，
就得先清除丛生的灌木，
举起镰刀割去蕨草与荆棘，
然后谷神降临，捧着沉甸甸的新谷。
先尝尝苦涩刺激一下
那蜂蜜就甜美多了。
南风平息、雨消停之后
繁星会显得更加璀璨。
等启明星驱走了黑夜
朗日才驾着玫瑰色马车而来。
你也一样，如今你眼里
只有虚假的善物，你先要
卸下项上之轭，
然后真善才会潜入你心灵。

二　幸福的轮廓：财富、荣誉、权力、荣耀、欢乐

她视线低垂，仿佛陷入了沉思，片刻之后，她又说：“人类忙忙碌碌、竭尽全力所追求的、殊途而同归的总目标，就是幸福。幸福这种善，人一旦得到了它，便别无所求。它本身囊括了各种各样的善物，因而是诸善中最高的；要是它有所欠缺，那在它之外，就还会有它所渴求的东西，这样它也就不是最高的善了。幸福显然是一种完美的状态，因为所有的善物都汇聚于其中。我刚才说了，幸福就是这

样，各人按各人的方式，都在追求着它；人心与生俱来就向往真正的善，只不过，他们常常误入歧途，去追逐虚假的善物。有的人相信，最高的善就是什么也不缺，所以他们努力追求财富；还有的人认为，受人尊崇便是善，所以，获得声望，从而受到旁人的尊敬和景仰，便成了他们孜孜以求的事情。有的人认为，最高的善在于拥有最大的权力；他们要么希望自己掌权，要么竭力依附于统治者。还有的人认为，名声是非常好的东西，所以他们用战争或和平的手段，迫不及待地要在海外扬名立万。还有不少人用欢乐和快活来衡量他们享有的善，认为尽情享乐才是最大的幸福。甚至还有人将各种目标或动机置换、糅合在一起，比如有的人为权力或享乐而追求财富，有的人为财富或名望而追求权力。因此，人之所作、所为、所求的目的和意图，都与诸如此类的东西维系在一起：人们追求贵族的身份和平民的支持，因为觉得它们能够带来声望；人们想要妻子儿女，因为他们带来了天伦之乐；友谊作为一种善，可谓十分神圣，因为它不是财富方面的计量，而是美德方面的计量，而其他种类的善，却都是凭权力或喜好来选择的。与身体相关的各种善，也往往与上述事物联系在一起：身体的强健与魁梧似乎会造成某种影响；美貌、机灵、名声，还有健康、快乐，也都有影响。显然，人们在这一切事物之中所追求的，无非是幸福；因为，无论一个人孜孜以求的是什么，他都将幸福作为最高的善。既然我们已经把幸福界定为最高的善，因而，大家在评价那种状态时，就说那是他们梦寐以求的幸福。”

“瞧，人类幸福的轮廓已然摆在你面前：财富、荣誉、权力、荣耀、欢乐。伊壁鸠鲁[①]只关注这些东西，并断言，最高的善在他看来就

---

① 伊壁鸠鲁派的创立者，大约公元前342年生于阿提卡，后在萨摩斯岛长大。他以德谟克利特物理学及其原子论为基础，建构了一个机械的宇宙，以期将人类从对神灵和死后生活的敬畏中解放出来，从而让人过上一种快乐的生活（这种生活对他而言意味着摆脱恐惧和烦恼）。

是快乐，因为其他东西带给心灵的无非是愉悦。我倒是想再探讨一下人类的奋斗：因为，纵然心灵的记忆被蒙蔽，但心灵仍会再度去寻求它固有的善，[①] 只不过它就像一个醉汉一样，一时找不到回家的路罢了。追求富足的人，难道真的错了？就拥有众善、自足而不假外求的完美幸福而言，富足自然是再好不过的事。认为最好的等于是最受尊崇的人，难道真的错了？当然没错：因为人人费尽千辛万苦去追求的，绝不可能是些低劣的东西。难道力量也不算是一种善吗？那为什么我们都不认为虚弱或没有活力是显然更好的呢？难道名声也是一文不值吗？然而，无可否认的是：最出色的也往往是最出名的。说幸福就是无忧无虑，不受痛苦和烦恼的折磨，这么说有没有道理？可就算是在一些最微不足道的事情上，人们也会寻求他们喜闻乐见的内容。这些肯定是人们想要的东西，所以他们渴望财富、高位、掌权、荣耀和快乐，因为他们觉得，这些东西会带来满足、尊敬、权力、名望和享受。可见，人类的种种奋斗，所追求的无非是善；从中我们也不难体会，天性的力量该有多么巨大，因为，无论人们的见解多么的千差万别，人们都共同爱慕着同一个目标，那就是善。”

我要用
嘹亮的歌声，伴着和弦，来表明
自然的伟力，如何
驾驭着万物，先知先觉的她
如何用法则，维持浩瀚的宇宙
用牢不可破的纽带，将万事万物维系。
而迦太基的雄狮，戴着考究的镣铐

① 重新向善（repetit）以及善的记忆受到蒙蔽这两种观念，均本于柏拉图的如下观点：灵魂曾与理念、完美形式（包括至善形式）同类，灵魂与生俱来就有这方面的知识，只不过因为它受肉体的拘束，而忘却了这些知识。

听命于人，
因屡受鞭笞而畏惧严厉的主人，
可一旦鲜血刺激那须下大口，
它们沉睡的灵魂即刻苏醒，
咆哮着，它们又成了自己，
从破镣中甩出了脖子，
它们先要解心头之恨，便用血污的利牙，
撕碎了它们的驯兽师。
常在树梢栖息、啁啾的鸟儿，
被关进了牢笼。
人们当她是玩物，照料她，
细心地喂她蜜汁，
还有各色各样的食物：
在小笼子里蹿跳的她，要是看到了，
那可爱的树荫
必会踢翻食物，
她想要的是她的树林，
在林中，她忧伤、轻柔、甜蜜地歌唱。
你若使劲去压
树苗，使树尖抵地：
只要你一松手，
她那尖儿又会直指天空。
太阳神沉入了西海，
但沿着一条秘密的通道，
他调转了车头，
来到了他每天升起的地方。
万物都在寻求返回的路，

而返回是愉快的；
谁也不想踏上一条已经定好了的路，
除非这条路首尾相连，
而且环环相扣。

三　财富使人患得患失

“你们作为造物，自然也会在涉及自己来源的梦境里，产生一些模糊的意象；虽然你们看得不甚真切，但你们也会依稀看到你们幸福的真正终点。你们的天性吸引你们朝向那个目标，朝向真正的善（虽然有多种错误观念误导你们远离它）。但问题是，通过人们所谓的那些求福途径，人们是否能够达到他们自设的目标？如果金钱、荣誉等真的带来了那种完美无缺的东西，那么我们也不得不承认，有的人的确是通过获得它们而变得幸福的。但要是它们不能兑现自己的承诺，而是仍然很不完善，那它们所产生的幸福表象岂不是虚幻的了？首先，我问问你：你不久前还非常富有，你有没有在经营庞大资产的过程中，因为出了一些差错什么的，而担惊受怕？”

我回答说：“我记得很清楚，我没有一刻是完全放开，不再是忧心忡忡的了。”

“那不就是因为你想要的却偏偏没了，而你不想要的却又来了？”

“没错。”我说。

“所以你患得患失，对吧？”

“对。”我说。

“而人想要的东西，必定是他所缺少的，对吗？”

“对，他一定缺。”我说。

“而要是谁缺了点什么，那他就不满足了，是吧？”

“是的，他肯定不满足。”我说。

“因而你，曾经家财万贯，”她说，“是不是也有这种不满足感?”

“怎么没有呢?”我反问道。

“可见，财富不能让一个人自足和圆满，尽管它似乎许诺过这一点。我认为特别值得注意的是：在金钱的本性里面，并没有什么能够阻止人们把它从拥有者手中强行夺走。”

“我承认这一点。”我说。

“弱肉强食，日日有之；你能不承认吗？要不是有人想要取回被抢劫或诈骗去的钱财，一桩桩的讼案又是哪里来的呢?”

“的确如此。”我说。

“所以啊，”她说，“人总需要寻找外援来确保钱财的安全，是吧?”

“谁说不是呢?”我说。

“可要是他没钱，没钱可丢，那他就不需要外援了。”

“千真万确。”我说。

“所以是出乎意料，情况倒了过来。原以为财富能让人满足，结果却让他有求于人。财富有什么办法消除需求呢？难道富人肚子不会饿？口不会渴？冬天身体感觉不到冷？你也许会说，富人有办法充饥、解渴和御寒啊。但即便如此，需求也并没有被彻底消解，只不过有钱好办事一些罢了。即使财富满足了那迫不及待的需求，也仍然会有一个有待满足的需求。更不要说，天性其实所需甚少，而欲壑则总是难以填平。因此，财富既然无法消除需求，反而产生出它们自身的需求，那你为何还相信它们能够带来满足呢?”

让富人们贪婪地敛财吧
（永远没个够！）黄金堆积如山；
让他把红海珍珠一串串挂上脖子吧；
让万千公牛犁耕他的沃土吧！

他活着时，烦恼会时刻啃噬着他，

他死了，他的虚财也不会伴他而去。

四　官位与尊荣难以持久

“高的职位为在位者带来了荣誉和尊敬。然而，官位本身是不是真的有力量将美德输入在位者的心灵，并驱赶奸邪呢？其实它们所做的往往不是锄奸而是助纣为虐，对不对？正是因为如此，我们看见官位常常给了恶人，才会那样的愤愤不平；所以卡图勒斯（Catullus）要叫诺尼乌斯（Nonius）为‘毒瘤’（struma），尽管他正坐在显贵席上。[①] 你有没有看到，高官给恶人们带来了多大的耻辱啊？如果他们未曾因为某些荣誉而引人注目，那他们的卑鄙也就不会那么显眼。你自己是不是也曾执意、涉险要与德可拉图斯（Decoratus）同朝为官，尽管你已明知他有一副小人和告密者的嘴脸？[②] 对那些我们已经断定其不配当官的人，我们不会因其官职而觉得他们可敬。而要是你看见一个智者，你会觉得他不值得尊敬，或不配拥有他的智慧吗？当然不会。因为美德有其固有的价值，这些价值已经直接传递给了美德与之结合的人。既然百姓称道的名誉做不到这一点，那么这些名誉显然也缺乏货真价实的美。关于这一点，你还可以想得更深一些：如果一个人越是无耻，他就越是被更多的民众看不起，那么，高的职位反而会令他雪上加霜，因为它不能让阴险者变得可敬，反而会把他暴露在众目睽睽之下。当然了，官职本身也难免会受到损害，因为那些坏蛋接

① struma是一种淋巴结核肿瘤（见 Cat. lii. 2；该名称可谓恰如其分，又见 Pliny, *N. H.* xxxvii. 81）；议事厅里的显贵席（sellae eurules）是执政官和其他显贵的办公席。

② 德可拉图斯是显贵，也许是财务官，公元508年左右在位（Cf. Cassiodorus, *Variae*, v. 3 and 4）。

触了官职之后，就会玷污它们，从而将类似的坏处回馈给它们。”

“既然你知道，这些暧昧的尊荣，不能带来真正的尊敬；要是某个多次当选的执政官，碰巧到了罗马帝国以外的某些未开化国家，那他的高衔还能不能让他得到土著们的尊敬？假如这等尊荣本身就有力，那它们无论在哪个民族当中，都不可能丧失力量，就好比火焰无论到了哪里都不会停止发热一样。但由于这不是它们固有的力量，而只是出于世人的谬赏，所以，一旦到了根本不把它们当回事的民族中间，它们马上就不灵了。对外人而言，固然是这个样子；但在创设了这等高位的人群中间，它们是不是也能持久呢？民选官（praetorship）曾经权重一时，如今它成了一个虚衔，而且是元老院的财政包袱。过去谁要是掌管了救济粮，那可威风了；如今还有比这更低的官职吗？[①] 正如我刚才所说，凡是自身没有尊荣可言的东西，在使用者的眼里，自然会一时受推崇，一时受冷落。总之，如果高的职位不能使人受到尊敬，甚至于那些居位的坏蛋已经渐渐染污了那些职位；如果时过境迁，它们不再受人推崇，或已在不同民族的评判里掉了身价；那么，它们中还有多少值得我们追求的美？更遑论它们还能给予别人什么样的美呢？”

即使他高傲地穿戴着
泰尔紫袍和雪白珍珠，
尼禄的奢华也为众人所不齿，
因为他放纵而残忍。
他曾无耻地把不够格的执政官
推给可敬的元老们去选：

---

① 这里可能指庞培大帝；参阅 Cassiod. *Variae*, vi. 18（*Formula Praefectus Annonae*; Migne, P. L. lxix. 699）。

由这些可怜虫授予的荣耀
谁会觉得是福气？

五　权力令人不得安宁

“坐拥一国，或与君王结交，真的能够使一个人变得强而有力吗？怎么会不能呢（若其幸福能够持久的话）？然而，君王由幸福转为不幸的例子，在古代比比皆是，在当今同样比比皆是。唉，权力固然可贵，可结果表明，它连自身都保不住！倘若王权真能带来幸福，那一旦它有所丧失，是不是就会减损幸福并且招致不幸？而不论帝国的幅员多么辽阔，都势必会有一些国家不受某某君王的统辖。无论那是个什么地方，只要其中可以让君王享福的权力终止了，那么，君王的权力缺口都会潜入其中，君王也不免悲惨；如此一来，君王的悲惨势必比幸福的份额更大。某暴君[①]亲身体会了王位所受的威胁，他将君王之惧，比作达摩克利斯头上悬剑之惊恐。这种免不了让人忧心忡忡、战战兢兢的权力，到底是个什么玩意儿呢？君王自然也愿意此生无虞，但他们做不到，所以他们只好夸耀自己的权力！面对刚愎自用的人，你还会觉得他有力量？侍卫不离寸步的人，你觉得他有力量吗？还是那些防人甚于防川的人，靠一群马屁精来追捧的人，你觉得是有力量的？可见，王权实在有些虚弱；至于说陪臣，要我说什么好呢？王权稳固也好，垮台也罢，朝臣的日子往往都不好过。尼禄强迫老友和老师塞涅卡自己挑怎么个死法。[②] 帕皮尼安（Papinian）在宫里一向有权有势，而安东尼努斯

---

① 叙拉古的狄奥尼索斯一世（Dionysius I of Syracuse，公元前430—前367年）；Cic. *Tusc.* V，xxi. 61—63 提及此事。

② Tac. *Ann.* xiv. 53—54；参阅本书卷二。事发时间为公元65年。

(Antoninus) 却把他扔到了士兵的乱剑之下。[①] 上述两人都想放弃权力；塞涅卡甚至要把自己的财产送给尼禄，然后引退。但两人都未能如愿以偿，他们站在悬崖边上，正是他们的伟大将他们推了下去。这种令拥有者胆战心惊的权力，到底是个什么玩意儿呢？你想占有它吧，你就没了安宁；你想抛开它吧，你又欲罢不能。凭我们的财富而不是凭我们的美德交到的朋友，真的靠得住吗？顺境中交到的朋友，在逆境中会变成敌人。旧友反目成仇，你说这世上还有比这更伤人的祸害吗？”

人要想变得有力量
就得心平气和，
切莫伸长脖子，套进欲望
那臭烘烘的缰绳；
哪怕遥远的印度大地
也在你的统治下发抖，
渺渺图勒，[②] 也向你臣服，
可要是驱不走黑暗的烦恼
逃不脱该死的惨境
根本谈不上什么力量。

① 帕皮尼安也许是最伟大的罗马法学家，塞佛留斯皇帝（192—211 年在位）的禁军首领，约于公元 212 年被塞佛留斯之子安东尼努斯（M. Antoninus Caracalla）所杀（Cf. Spartianus, *Caracalla*, 8: a militibus non solum permittente verum etiam suadente Antonino occisum）。

② 渺渺图勒（ultima Thule）；参阅 Virg. *Georg.* i. 30；欧洲北端的某块陆地或岛屿（冰岛或挪威?）。

六　赞誉来自谬赏

"荣誉往往具有欺骗性，多么的下作！为此，那首哀歌[①]不平而鸣，实在有其道理"：

啊，芸芸众生，降生时一无所有，

荣誉，荣誉，你已把他们的人生吹得飘飘然。

"有那么多人，因为世人谬赏而得享盛誉——你还能想出比这更可鄙的事情吗？那些被世人误加赞赏的人，听到议论后自然会觉得心中有愧。就算是靠功劳赢得了赞誉，这对于一个聪明人的自我认识而言，又有什么帮助呢（因为聪明人贵在有自知之明，而不是靠百姓的评头论足）？如果说声名远播是件好事，那我就不得不说，声名未能远播是有缺陷的。但正如我所说，肯定还有不少国家是个人声名到达不了的；这人在你看来很光彩，可能到了邻近地区就显得不光彩了。[②] 我得说，流俗的喜好在我看来简直不值得一提；它不经判断，而且经不起推敲。如今谁不知道贵族之名的空洞和微不足道呢？若它关乎声望，那它就属于另外的人；因为贵族头衔乃是从祖辈功勋中得来的赞誉。名望源自议论，受议论的肯定有名；如果你默默无闻，那别人的声望也不能让你变得出名。至于说贵族头衔有什么好，我想它好就好在：仿佛有某种义务施加于贵族，使之远绍先祖之德而不堕落。"

---

① Eur. *Andr.* 319 f.

② 从 Weinberger 和 Bieler，读如 proximo（邻近的）。pro maxima 的大致意思是"在较大的区域内"，而要是按照"宁取较难读法"（difficilior lectio）之原则，我更倾向于读如 proxima。

地上的人有共同的起源；
万有同父，神照看万有。
他把光辉赐给太阳，把芒角赐给月亮，
他让大地住满了人，让天空布满了星辰；
他把灵魂从天上寓所带下来，锁进了肢体。
正是一颗高贵的种子，生发出了芸芸众生。
为何要抱怨你的血统、你的祖先？如果你念及
你的渊源、你的造物主，则天下无人卑贱，
除非他离弃根源、自甘堕落。

七　肉体享乐如蜂螫刺心

“怎么评论肉体享乐呢？渴望它吧，又于心不安；满足之后吧，又充满缺憾！多么可怕的病啊！它们为享受者带来了多么难受的肉体痛楚，仿佛恶性结出的恶果！究竟是什么样的享乐在挑逗他们，这我不清楚；但只要你回味一下自己的欲望，就会明白：这些享乐都有一个苦涩的结局。如果肉体享乐能够让人幸福，那就没有理由不说野兽也幸福，因为它们的所作所为，正是为了满足肉体之所需。妻子儿女带来的欢乐，自然无可厚非；不过，有人戏称孩子为折磨者，[①] 似乎也十分在理（可谓入木三分）。无论他们境况如何，你总有操不完的心；这就无须我提醒你了——这你有切身体会，甚至现在你还在为他们担忧。在这一点上，我赞同尤里皮德斯（Euripides）的意见；他说，无儿女者，虽苦

① 读如 tortores（折磨者）。如果保留 tortorem（这样更具手稿的权威性），那翻过来便是：“……一些折磨者发明了孩子。”

犹乐。①”

快乐就是这样
驱使着人们去享用它，
就如同成群的蜜蜂
吐出了甜美的蜂蜜，
再留下深深的一螯
痛彻我们的心扉，然后飞走了。

八　它们都是虚幻的善

“可见，这些通往幸福的道路，都是一些旁门左道，它们不能将你带到它们许诺的地方。接下来，我要概述一下，与它们并发的究竟是什么样的坏事。你敛财时会怎么做？你难免会侵夺他人财物。你不是希望变得声名显赫吗？你将不得不向荣誉的赐予者乞求；你虽想出人头地，却因为你的卑躬屈膝，而自掉了身价。你不是想要权力吗？你将会如履薄冰，将会为手下的谋逆而寝食难安。你不是追求荣耀吗？那你就要忙于克服各种各样的困难，你将不得安宁。你不是想要过得快活吗？但为低贱、脆弱的肉体而奔波，岂不会让人嗤之以鼻？瞧那些炫耀自己拥有好体质的人，他们所仰仗的东西其实有多么的平庸和脆弱！你是在体型上能够盖过大象，在力气上能够超过公牛，还是在速度上能够赛过老虎呢？观察天体的活动空间、稳定性以及速度，不要再为低级事物而赞叹（虽然天体最值得惊叹的地方远远不止这些，而是统治它们的秩序）。而美的辉煌又是多么短暂，简直就是

① Eur. *Andr.* 420：δυστυχῶν εὐδαιμονεῖ.

转瞬即逝，比那一现的昙花还要消逝得快。正如亚里士多德所言[①]：如果人们拥有林柯斯（Lynceus）的双眼，能够透视障碍物，那么，当人们看穿艾西比亚德斯（Alcibiades）的内心时，他那臭美的身体岂不就显得粗俗之极了？所以，不是因为你的本质，而是因为人家眼神不好，你才显得好看。倘若你知道，你所推崇的好体质，三天热病就能将它摧毁，那你可就是一厢情愿地高估了好体质。最后我们总结如下：凡此种种的事物，既不能提供它们许诺的好处，也不能靠汇集众善而臻于完美；既不是靠这样那样的手段而令人幸福，也不是它们本身就能给人带来幸福。”

唉，何等的无知
使得可怜的人们误入歧途！
你不会在绿树上找寻金子，
也不会在葡萄藤上采集宝石；
为了有一盘盘鲜鱼上你的筵席
你也不会在山巅抛撒渔网，
如果你喜欢猎狍
你岂能到特尔瑞尼海里去搜寻？
人们很清楚波涛之下的
那些藏身之所，
哪些水域盛产雪白的珍珠，
那就是红色骨螺遍布的地方，
也知道何处的海滨出产鲜嫩的鱼儿
或带刺的海胆。

---

① Arist fr. 59；参阅 *An. Post.* 1397 b18。亚尔古英雄林柯斯有一双锐利的眼睛，此事家喻户晓。

但他们所向往的善又藏在哪里呢
他们依旧茫然无知，
它远在星罗的天际
而他们却在尘俗下界搜寻。
对这等愚笨的心灵，我还能念什么咒？
让他们去追名逐利吧，
叫他们辛辛苦苦捞取虚假的好处之后
再让他们认出真正的善。

九　论真正的幸福和善的源泉

至此，我已把虚假的幸福概述得差不多了：“如果你已经好好地、彻底地观察了它，那么现在，我就顺理成章地为你点出真正的幸福是什么。”

我说：“我确实明白了，不可能靠财富来获得满足，不可能靠王权来获得力量，不可能靠职位来获得尊敬，不可能靠荣誉来获得名声，不可能靠享乐来获得欢愉。”

“然而，你也知其所以然了吗？”

“我想，我已有所管窥，但我更愿意得到您的明示。”

“解释其实是唾手可得的：因其本性纯一而不可分割，而人类却错误地将真实、完美的东西，分割和曲解为虚假、残缺的东西。一个无所缺的东西，你会觉得它缺乏力量吗？”

“当然不会。”我答道。

“你说得很对，”她说，“因为，如果事物在某个方面的力量太弱，那它在该方面就需要其他事物的帮助了。”

“没错。”我说。

“所以说，满足与力量，在本质上是一致的。”

“似乎是这样。”

“那你认为，这一类东西是应该受到鄙视的呢，还是万物中最值得尊敬的？”

我说：“无疑是后者。”

“那就在满足和力量之外，再加上尊敬吧；我们可以断定，这三者是统一的。”

“那就加上吧，既然我们乐意承认真理。”

“那么，”她说，“你认为，它是晦暗不明的，还是赫赫有名、众所周知的？试想：一个被认为无所缺的、充满力量并配享荣誉的东西，是不是需要名声，而且这名声是它自己无法提供的，并因此而显得它是一个低级的事物。”

我说：“我不得不承认，那样一个东西，当然也是广为人知的。”

“要是这样的话，那我们就得承认，名声与前述三者毫无差别。”

“这顺理成章。”我说。

“既然它不缺别的什么，自恃其力而无所不能，著名而且可敬——难道我们还不能赞同说，它也是充满欢乐的吗？”

我说：“我不能想象，如此一样东西，何来悲伤？既然先前说的都有道理，我们就得承认，它充满了欢乐。”

“同理可得：满足、力量、名声、尊敬和欢乐，虽名称有异，但实质并无不同。”

“理所当然。”我说。

“这个本质上纯一的东西，人类却执意要将其撕裂；尽管它其实没有部分可言，但世人仍要抓取它的部分，结果却什么也没有得到，因为局部也好，它的整体也罢，无非都成了他最不想要的东西。”

“何以见得？”我问。

“逃避贫乏的人追求富足，”她答道，“他不追逐权力，甘居卑微，甘受埋没，并为了避免丧失挣来的钱财，而情愿放弃各种欢乐（甚至是最基本的欢乐）。但他那样做，甚至无法获得满足，因为他被权力所抛弃，为麻烦所折磨，并因默默无闻、身份卑微而受人鄙视。再比如那些一味追逐权力的人，他可以挥霍财产，蔑视享乐，视权力之外的荣誉或荣耀如粪土。但你看他也有诸多缺憾：有时候，他难免会穷愁困顿，并且因为困顿难捱，他甚至失去了自己孜孜以求的东西（即拥有力量）。至于说荣誉、荣耀或者欢乐，也都可以作如是的推想。因为它们说到底是同一个东西，谁要是只追求其一而撇开其他，那他甚至连想要的那一个也抓不住。”

我说：“那要是有人想要一起获得它们呢（他其实是想要幸福的总和）？”

“在我们刚才表明了不能兑现自己承诺的东西里面，他肯定找不到幸福，是不是？”

“确实找不到。”我说。

“因此，在这些东西里面（它们分别提供了欲求对象），我们根本就找不到幸福，是不是？”

“这我承认，”我说，“您说得太对了。”

她说：“你既然已经了解了虚假幸福的模样及其根源，那现在，就请你将心眼转到相反方向吧；你很快就会看到真正的幸福，一如我先前允诺的。”

“这够清楚的了，连瞎子也能明白，”我说，“你刚才论及虚假幸福的根源时，已经点明了它。若我理解正确的话，那就是真正完美的幸福，它让人满足、有力、受尊敬、出名并且快乐。所以，您瞧，我已经深深领会到：凡是真的能够提供其中之一的，就是完满的幸福（满足、有力、可敬、出名、快乐其实是同一个东西）；我会毫不含糊地把这幸福给认出来。”

“啊，我亲爱的学生，”她说，“你若再补充一点，我就该按这见解说你幸福了。”

“请问，还要补充什么呢?”我问道。

“你是不是认为，在这些可朽、易逝的事物之中，有某种东西能够产生这种状态?”

“我敢肯定没有，”我答道，“这已经被你充分证明过了，无须赘言。”

“所以，这些东西似乎把真正的善或某些不完备的善的影像，给了你们凡人，但它们不能把真正完美的善授予你们。”

“我赞同。”我说。

“既然你已经清楚真善是什么，又是什么东西在假扮它，那你接着要做的，就是要搞清楚，你可以在哪里找到这个真正的善。”

我说：“这正是我梦寐以求的事。”

她说：“我亲爱的柏拉图在《蒂迈欧篇》① 中认为，就算是在一些很细小的事情上，我们也得祈求神的帮助；那么在你看来，我们现在该怎么做，才能有资格发现至善的所在?”

“我们必须求助于万有之父，”我答道，“要是我们把这也给忽视了，那就没有了正当或合适的出发点了。”

“你说得对。”她说；随后她又开始唱道：②

啊，您以永恒秩序统治宇宙，
天地的创造者，您让时间生生不息，

---

① *Tim.* 27 c.

② 这首诗大体上脱胎于柏拉图的《蒂迈欧篇》27c—42d，并大量采用了新柏拉图主义者普罗克勒斯（Proclus）的注释［ed. Ernest Dichl，Teubner（3 vols.），1903—1906］。库赛勒（Courcelle）形容该诗为：“渊博而简约，晦涩而难解。”由于该诗在不多的篇幅里采用了如此丰富的思想，其难度激发了众多的评注（自中世纪至今的评注层出不穷）。相关的出典及详细注释，可参阅 F. Klingner，*De Boethii Consolatione*，载 *Philologische Unterschugen*，xxvii（Berlin，1921），pp. 38—67；以及 P. Courcelle，*La Consolation de Philosophie dans la tradition littéraire*（Paris，1967），pp. 161 ff.

您寂然长宁，却将运动授予别的一切；
您不受外因驱使，而是作用于
流变的物质，[①] 并欣然赐予了
您的至善形式；您用一个神圣的模子，
塑造了万物，您本身美妙至极，
一个美丽的世界在您心中孕育、成形，
有着相同的模样，您要它完善自身，
处处完美。您用法则约束它的元素，因而冷
与热相伴，燥与湿相随，以免火焰太纯
而飞逸，大地太沉而不堪重负。
您将灵魂固定在它的三重本性中间，
灵魂驱使着万物，而您则将它分成和谐的部分；[②]
被分割的灵魂，又让自己的运动会合
成了两个循环：[③] 返回自身，并环绕着
深邃的精神；又推着天宇旋转，跟它自己一样。
您以同样的基础，造了次级的、活的灵魂，[④]
并赐予光彩照人的车驾，以合乎它们神圣的本性，
您播撒它们在天上与地上，又按照恢宏的法则，

---

① 物质或一切感性事物都是流逝的，它们总在生成、变化和消逝；神创世的唯一理由是善的流溢，因为善的形式在神那里，那种善没有一丝一毫的吝啬气（而在希腊人那里，"诸神的嫉妒"以及吝啬的本性，却是司空见惯）。神用永恒形式的模子创世（在新柏拉图主义者及其基督教追随者看来，形式就在神的思想中）。

② 灵魂的本性是三重的：神采用了永恒的"同一"以及变化的"相异"，并使二者融合为和谐的整体，即"存在"；然后由这三者塑造了"灵魂"。"灵魂"是唯一的自我推动者，一切运动都由其引发，或由其中的各个部分引发（由于各部分也是由"同一""相异""存在"这三重元素构成的，所以它们也很和谐）。

③ 被分割的灵魂所纳入的两个循环，就是天上的赤道和黄道；"精神"就是居于不可见的天边的运动灵魂，它推着可见天体做完美的运动。

④ 次级灵魂就是人类的灵魂，它们各自被指派了一颗星作为其车驾，它们在肉体里过完了一次善的生活之后，便都得以净化并返回天庭（See *Tim.* 41d–42d）。

以回归之火，令它们转向您，并返回。
父啊，请让我的心灵升到您威严的宝座旁，
请允许我绕着善的源泉漫步，给我眼前的光亮吧，
让我心灵的明眸凝视着您。
驱散尘世的阴霾吧，
您的荣光照亮天际。对有福之人，您就是
祥和与安宁：他们的目标就是要见您，
始终唯有您，
才是他们的源泉、推动者、引导者、道路与归宿。

十　至善与至福都在神那里

“既然你已经看到了不完善与完善的形式，我想，接下来就该表明幸福的完美体现在哪里了。我认为，首先我们应该搞清楚，这世上是否真的有你刚才所说的那种善，免得空虚的想象越过现实的真理，而把我们给骗了。但毫无疑问，这种东西确实存在，仿佛它就是众善之源。所谓不完善的东西，之所以被认为不完善，就在于它们是完善者的缩减。情况往往是这样：在一个类中有不完善的东西，也总有完善的东西；而要是我们把完善者彻底抽走了，那恐怕难以想象，那些不完善者还能如何存在。宇宙并非源自那些受了减损和未完成的源头，而是始于全体源头，并最终分崩离析，到了今天这个耗损殆尽的状态。正如我们已经表明的，如果在耗损了的善里面有某种不完善的幸福，那么无疑，某种永久和完善的幸福是确实存在的。”

“上述结论相当的真实、可靠。”我说。

“接着的问题是：它存在于何处？”她说，“这可以这样来考虑：神作为万物的法则，必然是善的；人人心中都拥有的这个共同观念，

证明了这一点；既然无法设想比神更好的东西，那谁又能怀疑，无与伦比的东西必定是好的呢？有充分的证据表明，所谓神是善的，同时意味着完美的善也在神那里。因为若非如此，那神便不可能是万物的法则；这也就意味着还会有比神更卓越的完善者，而且其完善显得更优先、更古老。因为凡是完善的事物，显然要优先于不够完善的事物。因此，为了我们的论证不致陷入无限倒退，我们就得承认，至高的神充满了至高的、完美的善；既然我们已经确定，完美的善就是真正的幸福；所以，真正的幸福一定栖息在至高的神里面。”

“这我接受，”我说，“这完全说得通。”

“那我再问你，”她说，“看你对所谓至高的神充满了至善这一点，究竟赞成到怎样严肃、怎样情愿的地步。”

“怎样的地步？”我问道。

“免得你以为，充满至善的万有之父（这我们已经承认），乃是从外部、自然而然地接受了至善，仿佛你是在想，神所拥有的幸福与神这个拥有者在实质上是有差异的。因为，你若觉得它是从外部得来的，那你就会认为，施体比受体更加卓越：但是我们已经极其正确地承认了，神乃是万有中最卓越的。而要是它天然就是在神之中，却又有着不同的本质，那么，既然我们说神是万有的造主，那就请想一想，是谁、谁能够把这两种不同的本质结合在一起。最后，如果某物有别于他物，那它就不是那个被认为有别于它的东西；所以，在本质上有别于至善的，其本身并不是至善，所以也很难想象，在我们认为是无比卓越的东西之上，还会有谁。又因为，再没有什么东西的本质，能比它自身的本原更好的了，因而我可以顺理成章地得出结论说，万有的本原实际上也是至善。”

“对极了。”我说。

“而我们已经承认，至善就是幸福。”

“没错。”我回答。

“所以，”她说，“我们也必须承认，幸福就是神。”

“我觉得，你的前提无可争辩，”我说，“而且我看见你是一步步从前提推到了结论。”

她又说：“试想以下论证是否同样可靠：彼此不同的两个至善不能并存。因为，要是两种善有差别，那么显然，这一个就不是那一个；既然彼此有所欠缺，因而两者都不可能是完善的；而不完善的东西，显然也不是至上的；因此，这两个至善之间绝不可能有差别。既然我们已经总结出，神与幸福都是至高的善，因而，拥有至高神性者必定也是至上的幸福。”

我说：“这个结论千真万确，有根有据，而且与神般配至极。”

“此外，”她说，“就像几何学家习惯于从已经证明的定理推出系定理（porismata）一样，我也要再给你一些推论。既然获得幸福人就快乐，而幸福就是神性，那么显然，人们是因为获得了神性而变得快乐。人们获得了正义就变得公正，获得了智慧就变得聪明；同样的道理，人们一旦获得了神性，当然就变成了神明。因此，每一个快乐的人都是一个神明；尽管说到底，神是唯一的，但通过分有，这神明也不妨多多益善。”

“这真是既美妙又珍贵的事情，”我说，“无论你喜欢称之为 porismata 还是 corollary（系定理）。”

“然而，在以上所说的基础上，理性还要我们再加上一件无比美妙的东西。”

“是什么呢？”我问道。

“幸福似乎包含了许多东西，”她说，“是不是它们以各自不同的方式，结合成了一个幸福的整体，其中某个东西独立构成了幸福的骨架，而其他东西则附着于其上？”

我说：“我希望您结合那些事情，再发挥一下。”

“我们认为幸福就是善，对吗？”

“其实是最高的善。”我点点头。

她说：“你可以如法炮制，说幸福同时也是最高的满足、最高的权力、最高的尊敬、最高的名望和最高的快乐。然后呢？所有这些东西（善、满足、权力等），究竟是幸福的组成部分呢，还是它们各自系于善并以善为其首领呢？”

“我理解你引导的思路，”我说，“但我很想听您的结论。”

“那还要看我们在这一点上如何分辨。如果那些东西是幸福的组成部分，则它们必然彼此相异，因为这正是部分的本性：彼此相异才能组成一个整体；可事实表明，那些东西却是同一的；所以，它们不是部分。否则的话，幸福就会是单单由一个部分联结而成，而这是不可能的。”

“嗯，这是毋庸置疑的，”我说，“可我还在等您的下文呢。”

“显而易见，其他东西都与善相联结。为此，人们追求满足，因为觉得它好；追逐权力，也因为觉得它好；同样的道理，也适用于尊敬、名望和快乐。人们的种种追求，其旨归或动因无非是善；因为，那些表里都乏善可陈的东西，根本就不值得追求。而有的时候，一个内质不好、却显得好的东西，也会被当作真正好的东西来追求。为此，我们可以理直气壮地说：善是人们追求各种事物时最为重要，也最为关键的动因。看来，人们追求事物的动因才是最可欲的；例如，一个人为了健康起见，而去骑马，他恐怕并非为骑而骑，而是冲着其效果（即健康）。因此，当人们为了善而追求各种事物时，他们与其说是渴望这些事物，不如说是渴望善本身。而我们也承认，欲求的另一方面还包括幸福；因此，按照同样的道理，人们追求的其实只是幸福本身。因此可见，善和幸福实质上是一致的。”

“我觉得这没有反驳的余地。”我说。

“而我们已经表明，神与真正的幸福是完全一致的。”

“没错。”我说。

“因此，我们可以得出可靠的结论：也正是善本身而不是别的东西，构成了上帝的实质。”

来吧，你们这些囚徒，全上这儿来吧，
你们心头的俗念蠢蠢欲动
那可耻的锁链正束缚着你们；
你在此将得以休养生息，
这里是永久安宁的天堂，
这里坐落着的正是不幸者避难的地方。
无论是盛产金沙的塔霍河，
还是河岸泛红的赫木斯河，①
还是布满祖母绿和琳琅宝石的，
靠近热带的印度河，
都不能洗净你们的双眼；反而用它们的暗浊
埋葬了人们早已盲目的心灵。
尘世的幽深洞穴中潜藏着形形色色的事物
诱使人心沉湎于享乐。
有荣光统治着生机勃勃的天堂，
可堕落、暗昧的灵魂却往往与它失之交臂；
要是有人能觉察到这道亮光，
会说太阳神的光芒也没有如此明亮。

十一　万物的目的与心灵的亮光

“我同意，”我说，“因为您所说的一切，与严密的推理结合在一

---

① （流经西班牙和葡萄牙的）塔霍河以及（小亚细亚的伊奥里斯的）赫木斯河都是沙金产地。

起。”然后，她说：“假如你已经明白善本身是什么，那你会给它多高的评价呢？”

“无比的高，”我答道，“因为借此我也将开始认识神，他就是善。”

“我也得用最有效的推理，把这一点论证清楚，”她说，“倘若我们适才得出的结论可以成立的话。”

“它们应该站得住脚。”我说。

她说：“许多人追求的东西，因为彼此相异，所以并非真正、完美的善；既然彼此都有欠缺，那就统统不能称为完全和绝对的善；而只有当它们都汇聚进入一个形式的时候，才能产生真正的善；而这个形式作为动力因，则使得满足与权力、尊敬、名望、快乐成为相同的东西；除非这些东西是同一的，不然它们就没有正当理由表明自己包含了值得我们追求的要素；上述的道理，我们刚才不是已经讲过了吗？”

“是已经论证过了，”我说，“而且它是无可置疑的。”

“因为那些东西彼此有差异，所以它们并不是善的，可一旦它们合为一体，却又变成是善的了；它们因得以‘合一’而变成了善，果真是如此吗？”

“看似如此。”我说。

“凡是善的东西之所以是善的，是因为它分有了善，这你同不同意？”

“同意。”

“同理，你也得承认，‘一’与‘善’是相同的；因为它们有相同的本质，而且根据其本性，其所生功效也无差异。”

“这我无法否认。”我说。

“那你是否知道，”她说，“事物只要是‘一’，就能存在和持久；一旦不再是‘一’，就要毁灭和消失？”

“何以见得？”

“就拿生物来说吧，”她答道，“当肉体与灵魂结合并始终合一时，结果就是所谓的生物；可一旦灵、肉分离，统一体瓦解，那它就灭亡了，不再是一个生物了。而肉体本身，只要肢体相连、保存完好，那看上去就还是人的形状；但要是各部位断裂了、肢解了，从整个身体中撕了下来，那肉体也就不称其为肉体了。考虑其他例子的人，同样会确定无疑地发现：事物只要还是‘一’，就能够维持下去，一旦不再是‘一’，也就消亡了。”

“看来，再举例下去，”我说，“也丝毫不会有例外。”

“那么，是不是会有这样的事物，”她问，“它的其他活动都很正常，却不想要维持下去，而是渴望自身的坏朽和毁灭呢？”

“如果是拿生物来说，”我答道，“它们确实是天生就有能力取舍，但我发现，凡是生物，若非迫不得已，都会努力活下去，而不会自愿加速自身的灭亡。因为每一个动物都在为保障自身安全、躲避死亡和毁灭而奋力拼搏。至于说花草树木或者非生物，又会怎样呢？我实在吃不准。”

“对此你也没有什么好疑惑的，因为你已经觉察到，花草树木总是生长在适合它们的地方，它们只要自身条件允许，总是能够避免枯萎和死亡。它们有的生长在田野，有的生长在山上；有的靠沼泽供养，有的则攀岩而生；更有一些居然在贫瘠的沙漠里繁殖，甚至谁要是把它们移植到别处，它们反而活不了。自然赋予的东西是管用的，只要它们能够忍耐，就能帮助它们避免死亡。你难道不觉得，它们就像是把嘴巴埋在了土里，用根系吸取着营养，用木髓和树皮传输着力量？而像木髓一类最为柔软的部分，总是藏在里面，外面则严严地裹着木质坚硬的部分，最后由树皮构筑了一道抵御严寒酷暑的防线，你不觉得它们是经受得住摧残的吗？而且大自然还让它们传种接代；大自然的关爱，真是何等伟大！作为某种机理，它们不光要存活，而且要生生不息地繁衍下去；这一点谁不知道呢？而那些被认为没有生命的东西，不也一样在渴求着适合于它们自身的特性吗？火势轻盈而炎上，大地沉重而下压，其方向、其运动，不正是各得其所吗？凡是与某物相匹配的东西，都会起保护作用；正如那些对它有害的东西，总是会毁坏它。再比如，像石头这样的硬物，各个部分凝聚得最牢，因而不易碎裂；而像空气或水这样的流体，真的很容易分割，但等你一划过，它们的各部分又很快合拢了；而火焰，你怎么割也割不开。

“在此，我们不仅涉及了理智的自主运动，而且涉及了天性的运用，例如，我们吸收咽下的食物，便是在不知不觉中进行的；而当我们睡眠时，也会下意识地呼吸。因为，即便是对于生物而言，也不光是靠心志活动，而更是靠天然法则来传达自己对于生存的爱恋。当然了，在迫不得已的情况下，意志也会选择死亡（尽管天性惧怕并逃避死亡）；至于说繁殖活动（这是可朽事物得以延续的唯一保障），虽然天性总是对它有所欲求，而意志有时候却会抑制它。可见，自爱不是发自灵魂的活动，而是发自天性的运作；因为神佑已经把这一最为重要的生存动因赐给了她的造物，因而它们天然地渴望尽可能地活下去。因此，你没有任何的依据，也没有任何的余地可以怀疑：万物天生就寻求生存的延续，避免自身的毁灭。”

“我承认，”我说，“先前我的疑惑，如今已然冰释。”

“凡是寻求生存和延续的事物，”她说，“都渴望成为‘一’；因为统一性一旦遭到破坏，继续存在便无从谈起。”

“没错。”我说。

“因此，万物渴望合一。”她说。我也表示赞同。

“而我们已经表明，一就是善。”

“确实如此。”我说。

“所以，万物追求善；其实你也可以这样说：善就是万物所渴求的东西。”

“千真万确。”我说。

“因为，要么万物彼此之间没有任何联系，它们没有首领，一盘散沙，随意飘荡；或者，如果有某个东西，是万物运动的归宿，那它就是万物的至善。”

接着，她又说：“我很高兴，亲爱的学生：你已将真理的根本标记牢记于心。而你刚才还说吃不准，如今则已经明白了。”

“您指什么呢？”我问道。

“它曾是万物的目的，”她回答说，“并永远是万物渴求的目的；既然我们已经认定它就是善，那我们就得承认，善乃是万物的目的。”

孜孜寻索真理的人，
不愿误入歧途的人，
就得用内心之光返照自己，
拉回或迫使他那出格的行径
进入规矩，还要让自己明白，
他为之奋斗的种种身外之事，
已经损害了他想要的内在宝藏；
这瑰宝最近被错误的乌云所蒙蔽
但终将发出比太阳还耀眼的光。
虽然肉体将遗忘的重担加诸心灵
却未能泯灭一切亮光：
内心确实还保留着真理的种子
学识春风的吹拂将使它苏醒。
若有人问，你为何有
自知之明，莫非你内心深处
安放着点亮的火引？倘若柏拉图的缪斯所吟唱的是真的，
那各人的所学，乃是对遗忘之事的回忆。①

① 按照柏拉图的“回忆说”（anamnesis，详见 *Meno*，81—86；*Phaedo*，72—76），灵魂在人出生时被囚禁在肉体里，因而遗忘了有关永恒理念世界的全部原有的知识，所以今生研习真理都是对所遗忘知识的一种回忆。

十二　柏拉图的熏陶

于是，我说："我十分赞同柏拉图；这是您第二次提醒我这些事情了。第一次，因为肉体污染了记忆，我便遗忘了它们；第二次遗忘，则是在我痛不欲生的时候。"

她则说："如果你对我们迄今所认同的事情有所反思，你就不至于记不起你刚才还说不知道的那些事情。"

"您指哪一点？"我问。

"指宇宙被统治的方式。"她回答。

"我记得我当时承认了自己的无知，"我说，"虽然现在，您已经将此事阐明，而我也已经略有领会，但我还是希望您讲得更透一点。"

"你起先说过，这个世界毫无疑问是由神统治的。"

我说："我现在乃至将来都不会怀疑这一点，而且我还要概述一下我采取这一立场的依据何在。这个宇宙由各种不同或对立的部分组成，假如没有谁把这些元素结合在一起，那它永远都不会统一成为一个整体。假如没有谁来维持已有的联结，那这个由各类本质组成的复合体将会分崩离析。甚至自然秩序也必将无以为继，事物也不会在时空中，按照各自的功效、体积和质量，作如此有规则的运动，除非有谁一直在安排和规范着如此纷繁的变化。不论这是谁，因为他，造物才得以存在和运动，所以，我都要用大家惯用的名称，称之为神。"

于是，她说："既然你有此感悟，我想，我帮你安全返回故土，得享幸福的工作，就已经初具规模了。让我们再来看一看我们业已得出的论证。我们已把满足归到幸福名下，并且承认神就是幸福本身，对吧？"

"没错。"

“因而，”她说，“他对于宇宙的统治，并不需要外力的帮助；不然的话，他就不圆满了。”

“必然如此。”我说。

“因而，唯有他亲手安置了万物，对不对？”

“无可否认。”我说。

“我们还说过，上帝就是善本身。”

“我记得这一点。”我说。

“因为他亲自管理万物，而我们又认定他就是善本身，因而他也是依照善来安置万物；这好比是织机的横梁或手柄，有了它，宇宙这个编织物才能保持牢固和完好。”

“我完全赞同，”我说，“我就知道您会这么说（虽然我只是朦胧的猜测）。”

“这我相信，”她说，“我看你正在凝神察看真理；不过，我下面要说的，也会同样清晰地摆在你面前。”

“那是什么呢？”我问道。

她回答说：“我们正确地相信，神用善的舵柄统治万物，并且，正如我刚刚教你的，万物也在天性驱使下奔向善，那么，同样毋庸置疑的是不是：万物是自愿接受统治，并且心甘情愿地听从安置者的命令，仿佛那是天然地与它们的统治者协调一致的？”

“必定如此，”我说，“如果那竟然是套在他们脖子上的、让他们受不了的一个轭，而不是对驯服的臣民的一种保护，那他的统治也就不会是幸福的。”

她说：“因此，事物只要是天性未泯，就不会想要与神作对，是不是？”

“是的。”我说。

她说：“既然我们已经认定，神在幸福方面强劲无比，谁要是胆敢对抗神，他能取得丝毫的成功吗？”

“自然是什么也干不成。”我说。

“因此，谁也不会或不可能与这个至善作对，是不是?”

“我看是的。”我说。

“可见，正是至善牢牢地统治着万物，并好好地安置着它们。”①

我于是说：“您的论证所得出的结论，尤其是您使用的那些辞藻，是多么的令我欣喜，我终于为那些苦苦折磨着我的愚蠢念头而自惭形秽。”

“你也许读过巨人挑战天庭的故事，”她说，“仁慈的刚毅者最终挫败了他们，这是理所当然的。你是否愿意来相互辩驳一下，因为这种碰撞有可能会迸发出真理的火花?”

“只要能让您高兴。”我说。

“谁也不会怀疑，”她说，“神拥有超乎万有之上的力量。”

我说：“凡是头脑清醒的人，都不会怀疑这一点。”

她说：“神既然有至高的权能，那就没有什么事是他做不了的。”

“没有。”我说。

“可上帝不能作恶，对吧?”她问道。

“绝对不能。”我答道。

她说：“既然他不能作恶，而且，又没有什么事是他做不了的，因而，恶就是虚无。”

“您这是在跟我闹着玩吗?”我说，“您用论辩编织了一个难以捉摸的迷宫，您忽而从出口进入，忽而从入口出来。您不是在反复重申，仿佛那是神的简洁性所具有的神奇循环?不久前，您从幸福出发，说幸福就是至善，还说它就位于至高的神里面；接着您又提出，神本身就是至高的善和完全的幸福，由此，您还给了我一个结论（就像给了个小礼物一样)：谁也不会幸福，除非他也是一个神明。然后，您又提及，同

---

① Cf. *Wisdom* 8. 1.

一个形式的善也是上帝和幸福的实质；并教导我说：'一'与'善'是同一个东西，整个自然世界孜孜以求的就是这个东西。最后您说，神用善的舵柄统治万物，万物也甘愿服从；您还指出，恶没有真正的本性。而您在得出这些结论时，却不是通过外部获取的论据，而是仍然在我们内在的范围内打转，每一个论点的有效性，都从另一个论点中得来。"

于是她说："我们绝不是在开玩笑啊，我们只不过是从一开始就祈求神，并在神佑之下，探究了万事万物中最为重要的东西。这就是神性实体的形式，它既不会溜到外部事物之中，也不会从外部事物中吸纳任何东西；而是——正如巴门尼德所言：[①]

像一个八面玲珑的球体，

"它推着旋转的宇宙之环，而它自身却保持不动。既然你已经受过柏拉图权威的熏陶，知道名与实应该相符，[②] 那么，要是我们的探讨，不是从外部求得论据，而是立足于我们所着手的领域，你也就没有什么好大惊小怪的了。"

能看见善的洁净源泉的人
有福了；
能除去尘世枷锁的人
有福了。
古时的色雷斯诗人
为亡妻而悲歌，
过去他用如泣的旋律

① Diels fr. 8. 43.
② *Tim.* 29 B.

使树林翩翩起舞
让河流为之驻足,
雌鹿那无畏的面颊
依偎着凶猛的狮子,
野兔望着猎犬,也毫无
惧意,他的歌带去了安宁;
而当哀愁愈发猛烈地
煎熬着他的内心,
那些安抚众生的旋律
也不能让它们的主人平息,
因为怨尤无情的天神,
他下到了地府。
悦耳的曲子,
伴着如歌的竖琴,
他从母神[①]的最初源泉
汲取了这一切,
而令他痛不欲生的事
使他痛上加痛的爱,
都化作了他的哀歌;他感动了冥河的灵魂,[②]
他用甜美的祈求,
向哈迪斯冥府之主求恕。
三首的守门犬塞博鲁呆立着
被他奇特的歌声深深吸引;
疾恶的复仇女神

① 俄耳甫斯的母亲是卡莉俄蓓(Calliopê),九缪斯之首,掌管诗歌(尤其是史诗)。
② 马塌畔(Cape Matapan)的冥河附近有一洞穴,是冥府入口之一。

平日里让罪人胆战心惊
而今却伤心涕零；
伊克西翁飞轮
不再旋转他的头，
干渴难忍的坦达勒斯（Tantalus）
也不屑俯身去喝水；
喂饱了俄耳甫斯的旋律，秃鹰
就不再撕咬提提乌斯（Tityus）的肝脏。①
冥府主人终于以怜悯的口吻
说“我们被折服了”；
“我们同意这个男人带走他的妻子，
他的歌为她赎了身；
只是这恩赏还有个约束的条例，
就是他离开塔尔塔罗斯（Tartarus）时，
不得回头看。”
可谁能将律条施于爱侣呢？
爱的律条，莫过于爱啊。
咳！就在黑暗的边境，
俄耳甫斯和妻子欧律狄刻
看了，没了，死了。
你们这些一心想要
寻求上界光明的人
这个故事就是说给你们听的；

① 伊克西翁企图非礼朱诺，而被罚绑在飞轮之上；坦达勒斯泄露了众神秘密，而被罚站在果树下齐脖的水中，他想吃想喝的时候，水和果子都会避开他。提提乌斯横躺下来可以覆盖九亩之地，他因为对阿波罗生母勒托（Leto）不恭而受罚，一只秃鹰在不停地撕咬他那不断修复的肝脏。

克服了艰难的人，要是回望
塔尔塔罗斯的深渊，
无论他带着什么好东西，
都将在他向下张望时失去。

卷四　慰心篇

一　善的力量总是强大?

哲学女神温柔而亲切地吟唱了诗句，她依然神色庄重、表情肃穆；而我，还未完全忘却内心的痛楚，就在她要启齿再说的时候，打断了她："尊敬的女士，您指明了通往真正光明之路；显然，您迄今向我灌输道理的时候，既神圣而充满自省，又据理而无可辩驳；您还跟我讲了一些事情，这些事我新近因为伤口疼痛而遗忘了，可之前，我对它们还是有所认识的啊。不过，我之所以伤心的最大原因在于：尽管确实有一个善的宇宙统治者，但是邪恶却依然存在，甚至得不到惩罚；您想想看吧，光这一件事就让人迷惑不解。更有甚者：一方面恶人猖獗、横行霸道，另一方面善却没有善报，反而被小人打翻、蹂躏，乃至替恶受罚。这种事发生在全知全能、唯善是举的神的国度，居然没有人感到惊诧或抱怨。"

于是，她回答说："要真是像你所说，在一位伟大的主人管理得井井有条的屋子里，没用的器皿居然备受珍视，而宝器却被如敝屣，那确实是极其可叹之事，比恶的征兆还可怕。但实情并非如此；如果我们刚刚得出的结论仍然有效或站得住脚，那么，在神佑之下，你将看到，在我们所说的神的国度里，善的力量总是强大，而恶则显得可鄙和虚弱，恶总有恶报，善总有善报，成功与好人相伴，厄运则与坏人相随，如此等等的事情，都将抚平你的抱怨，坚定你的信心。既然我已为你指明了那种真正的福祉，而你也已经看到它并知道了它的所在，那么，在妥当处理了那些必不可少的事情之后，我将把你回家的路指示给你。我将为你插上思想的翅膀（它将高高飞翔）；而随着烦恼的烟消云散，你将在我引导之下，踏上我的路，坐上我的车，平平安安地回到你的故土。”

我有轻盈的翅膀
可以飞上高高的天堂；
若你的慧心，能够插上翅膀，
鄙视可恶的尘世，
穿过厚厚的大气层，
回望那些云彩
天火熊熊，上气涌动
它越过了天火的最顶端，
等它升到了星宫，
踏上了太阳神的道路，
或与冷老仙结伴而行，[①]
与他的明星同辉，
或在星斗满天的夜色里
与环舞的星星同旋；
它为这一番成就而满足，
它离开了遥远的天极，
站在奔涌的上气的边缘，

① 上气或以太，是推动其余天层的最外天层，在它之上就是天极，即神的居所。“星宫”是指黄道十二宫，太阳在一年中分别穿过这十二个部分；“冷老仙”是指土星，可见的五颗行星中最远的一颗（CF. Virgil, *Georg.* i. 336）。

控制着它的威严的亮光。
在这里，万王之主握着权杖，
勒着世界的缰绳，
驾着轻快的马车，而他自己，
显赫的宇宙之主，却岿然不动。
如果这条路带你返回此地，
也就是你正在迷迷糊糊寻找的地方，
你会说："我记得，这正是我的故土，
我出生在这里，我要在此停歇。"
如果你愿意回望
你已离弃的黑暗尘世，
那些骑在百姓头上作威的暴君，
在你看来，也不过是一些流放者。

二　好人有力，恶人虚弱

于是，我喊道："太好了！您许诺给我的，是何等伟大的事物啊！我并不担心您做不到；只是，您既已唤醒了我，那就不要再让我等待了。"

她说："首先，你会看到，好人总是有力，而坏人则缺乏力量，因为这两条其实是互相印证的。因为善恶不两立，如果能够证明善是有力的，那恶的虚弱便自不待言；如果恶的脆弱显而易见，那善的有力也便可想而知。当然了，更要紧的是我们意见的可靠性；我将两条途径并重，即时而从这一方面、时而从那一方面，来确证我的命题。

"人类的行动得以实施，靠的是两样东西：意愿与能力。只要缺乏其中之一，人便一事无成：若缺乏意愿，人就不会着手做事，因为他不想做；若缺乏能力，意愿也未免会落空。为此，要是你看到有人想要得到他未曾拥有的东西，你便不能怀疑他缺乏能力去获取他想要的事物。”

“显而易见，无可置疑。”我说。

“如果你看到有人获得了他想要的东西，你会怀疑他有做这事的能力吗？”

“根本不会。”

“因此，凡是人做得到的，就可以说是他的强项；做不到的，就可以说是他的弱项。”

“这我承认。”我说。

“那你是否还记得，”她问道，“我们先前得出的结论：促使人类去追求的那些个意愿，都是冲着幸福而去的？”

“我记得，”我说，“那也是经过证明的。”

“还有，幸福就是善本身，人类追求幸福，也就是对善的渴求，这一点你还想不想得起来？”

“这我想都不用想，”我说，“因为我记得很牢。”

“因此人啊，无论好坏，都力求达到善，都不想被分出好坏来。”

“确实如此。”我说。

“但显然，人是因为得到善而变好的。”

“当然。”

“那好人得到了他们想要的东西了吗？”

“好像得到了。”

“如果坏人也得到了他们想要的东西（也就是善），那他们便不再是坏人了。”

“没错。”

“既然双方都追求善，而前者获得、后者却落空，那还有谁会怀疑好人有力、恶人虚弱呢？”

“持怀疑态度的人，”我说，“既无法了解真相，也难以理解那些推论。”

“假如让两个人去做同样的自然动作，”她说，“其中一个凭自己的本领去做并做好了动作，而另一个人呢，因为不会运用自己的机能，所以就不是靠本事而是靠模仿他人来完成规定动作——你说，这两个人当中，哪一个更强一些？”

“我虽然猜得出您想要我说什么，”我说，“但我还是愿闻其详。”

“走路对人来说，是很自然的，”她说，“你不会否认这一点吧？”

“绝对不会。”

“你当然也不会怀疑，做这个动作乃是双脚的本事，是不是？”

“我不怀疑。”我说。

“如果一个人能够靠双脚走动，而另一个人却因为腿脚不便，而非得要倚着双手行走，那你觉得他们中的哪一个更强一些呢？”

“这言下之意嘛，”我说，“谁也不会怀疑，能够行使自然功能的人，比不能行使的人要强一些。”

“至善同时摆在了好人和坏人面前，好人靠德性的本事来追求之，而坏人却只靠摇摆不定的欲望而非自己的本事来得到它；难道你不这么认为吗？”

“怎么会呢，”我答道，“因为结论太明显了。从我已经赞同的命题出发，必然可以推出：好人有力，坏人虚弱。”

“你推得不错，”她说，“这表明你天性复萌并有了抵抗力，这也正是医生们乐见的。鉴于你已有良好的学习基础，我将推出一系列论证。你看啊，那些堕落者该有多么虚弱，纵然有天然倾向的吸引乃至驱使，他们还是无法达到。若是他们丧失了这一强大无比的帮助，没有了天性的引导，那结果究竟会怎样呢？想想看，钳制着坏人的那种虚弱本身，又是多么强大啊。他们梦寐以求但却无法拥有的那些东西，可不是什么琐事或玩物；[1] 他们所错失的东西，可是关系到万物的总和与顶点，而小人终日蝇营狗苟却总也达不到那一点；而在这件事情上，好人的力量就表露得十分明显。你断定用脚走路的人更为有力，因为无论天涯海角，他都能够走到；同样的道理，你也必然会断定，谁要是获得了万物所渴求的终极目的，那他便是最有力量的人。同样我们也得到了反命题：那些小人也就是一点力量都没有的人。他们为何要放弃美德去追逐罪恶呢？是不是因为他们不知道什么东西是好的？——还有什么比无知更虚弱的呢？也可能他们知道该追求什么，只是乱糟糟的欲望将他们引向了歧途？如果是这样，他们仍然很脆弱，因为他们缺乏自制力，抗拒不了罪恶。还有可能，他们是自觉自愿地弃善向恶？如果是这样，他们非但没有力量，而且简直就是——一个离弃了万有共同目的的人，也就脱离了存在。”

“也许有人觉得奇怪了，我们居然说恶人不存在，他们可是人类的大多数啊；但事情就是这样。对于那些恶人，我不否认他们是邪恶的；但我否认他们纯纯粹粹是。你可能会说一具尸体是一个死人，但你不能简单地称之为一个人，所以，我可以勉强提及恶人，说他们确实是邪恶的，但我根本不能承认他们是。因为，这个‘是’，保持着它的秩序并保留着它的本质；无论什么，一旦没了这个，也就放弃了存在（这有赖于它的本质）。你或许会说，恶人也能够做事。这我不会否认；但他们的这种能力，不是源自他们的有力，而是源自他们的虚弱。因为，他们能够做坏事——而要是他们能够坚持做好事，他们也就做不了坏事了。他们有这个能力，这就更加清楚地表明：他们其实能做虚无；我们刚刚总结说，恶就是虚无，既然他们只能作恶，那显然这些恶人只能做虚无。”

“很显然。”

---

① Virgil, *Aeneid*, xii. 764 f.

“你会明白，他们这种力量的本质是什么；记得我们曾经下过结论：没有什么比至善更有力量。”

“没错。”我说。

“但至善不能作恶。”她说。

“根本不能。”

“那又有谁会认为，人能够做任何事情？”她问。

“谁都不会，除非他疯了。”

“可人能作恶啊。”

“但愿他们不能！”我喊道。

“既然能够行善的人，能够做任何事情，而能够作恶的人，却未必能做任何事情，那么显然，能够作恶的人所能够做的事情要少一些。此外，我们还阐明了，一切力量都包含在可欲之事当中；所有可欲之事都将善作为其本质的顶点来维系。但作恶的能力不可能与善相关联，因而它不可能被欲求。既然所有的力量都是被欲求的；因此，作恶的能力显然不是一种力量。由此可见，好人有力，而恶人无疑只有虚弱；柏拉图的见解是对的：只有聪明人能够做到他们所欲求的事，而小人只能实施那些令他们高兴的事，却不能成就他们所欲求的事。[①] 他们也做你乐见的事，以为靠这些令他们高兴的事情，就可以获得他们所欲求的善；但他们得不到，因为无耻的勾当无益于幸福。”

你看见那些高高在上的君主端坐于宝座，
紫袍加身，光彩夺目，被那些愤愤不平的武士前呼后拥，
他们的酷相叫你胆战，他们的歹心让你痉挛——
一旦有人剥去自大君王的浮华外衣，
他就会看到殿下们身披枷锁；

① Cf. *Gorgias*, 507 c；这一整章以及下一章都与之雷同。

因为在他们身上，情欲正恶毒地诱发他们的贪心，
怒火激打思绪犹如旋风卷起海浪，
闭锁的悲伤令他苦恼，开溜的希望将他折磨。
所以，你瞧，暴君们只扛着一颗脑袋，
却受着许多苛主的逼迫，他当然做不了自己想做的事。

三　善是给好人的奖赏，恶是对恶人的惩罚

“恶如何深陷泥潭，善何等光彩夺目，这你不都看到了吗？显而易见，善行总有善报，恶行总有恶报。就一项行动而言，我们可以把采取行动的理由看作该行动的目的，就拿赛跑来说吧，参加比赛的目的就是夺标，锦标显然就是奖赏。我们曾说，幸福就是善本身，做事的目的就是善。因此，应将善本身视为人类一切行动的共同奖赏。善与好人不能分离——谁缺乏善，谁就不配称为好人——因此，没有奖赏也就没有善行。所以，无论恶人怎样发怒，聪明人头上的桂冠都不会坠落或凋谢；他人的邪恶根本夺不走善的灵魂所固有的荣光。有的人因为从他人那里获取东西而欣喜，可其他人尤其是那个施予者还可以把它拿走啊。一个人的善给他带来了奖赏，但要是他不再是善的话，那他也就没了奖赏。既然人们追求奖赏是因为相信它是好的，那谁还会认为一个拥有善的人会没有奖赏呢？究竟是什么奖赏呢？就是最伟大、最美妙的东西：记得不久前我曾给你一份厚礼——那个系定理，[①] 它是这么总结的：善本身就是幸福，因而，所有好人因其是善的，所以显然也都是幸福的。我们还同意，幸福的人都是神明；成为神明就是好人的奖赏，它不随时衰减，谁也无权侵害它，谁也不能用邪恶来蒙蔽它。好人的情况是这样；同样，

① 参阅本书卷三第十节。

凡是聪明人都不会怀疑，恶人总有恶报；善恶、奖惩，两两对立，因而，在好人有好报的事情上，我们所增长的那些见识，必然会在恶人有恶报的事情上，以相反的方式体现出来。所以，善乃是给好人的奖赏，而恶则是对恶人的惩罚。受了惩罚的人，无疑也饱受恶的折磨。因此，假如他们乐意评估自己的状况——虽然最无耻的邪恶不仅影响了他们，而且还严重传染了他们，这些人是不是还觉得自己没受惩罚呢？”

“你看看，与好人的情况对照起来，恶人遭受的是什么样的惩罚！你曾经认为，凡是存在的事物都是一，而一本身又是善；由此我们得出：事物只要存在，就应该是善的。而事物一旦脱离了善，便不复存在；因此，恶人不再是他们以往的所是——他们迄今还保留着人类的躯壳，表明他们曾经是人类——因此，他们在转向邪恶的同时，也一举丧失了他们的人性。既然只有善才能够使人升华到更高的境界，那我们就不得不说，邪恶已将他们拖到人类的状态之下，邪恶的拖累已经使得他们不配称人类之名。因此，你千万别把那些因为恶行而扭曲了的家伙，称作人。贪得无厌地侵夺他人钱财的家伙：你可以说他像一头狼。在争辩中蛮不讲理、喋喋不休的家伙：你可以把他比作一条狗。骗成之后沾沾自喜的骗子：你可以把他与小狐狸相提并论。怒不可遏、大吼大叫的家伙：你就当他是狮精附体好了。动不动就受惊逃跑的胆小鬼：你可以把他看作一只獐鹿。麻木、愚蠢的懒汉：他过着蠢驴的生活。见异思迁的轻浮之徒：他与鸟雀无异。在污秽欲望中的打滚者：就说他是沉溺于脏母猪的享乐。所以，谁要是离弃了善，便不再是一个人，因为他不能升华到神性状态，反而变成了一只野兽。”

尤利西斯的战舰[①]

---

① 意大利语名称。“涅里托斯的首领”——奥维德用该短语称呼尤利西斯；涅里托斯是尤利西斯家乡伊萨卡岛上的一座山。

以及在海上漂泊的舰队
被东南风吹到了仙岛
这里住着美丽的女神
太阳神的苗裔，[①]
她为每位新客人调了
一杯施了魔法的饮料。
她用精于调制的手
将他们变成了各种模样：
这个显出了野猪的外形，
那个是非洲的狮子，[②]
长出了尖齿利爪；
另一个正在变成狼群里的一只狼，
他想要哭泣，却成了号叫；
还有一个像印度虎，
在屋子四周晃悠。
虽然阿卡迪亚飞神[③]
同情这位正受怪病困扰的船长，
将他从东道主的毒药中解救出来，
可他的水手的喉咙
已经饮下邪恶的饮料，
他们变得像猪一样
面包也成了栎子，

---

① 瑟希（Circê）是太阳神的女儿，珀瑟（Persê）是海神的女儿。

② 马马里卡（Marmaric）；马马里卡地处埃及西边。在晚期经典及中世纪诗歌中，往往用以泛指非洲（出典：Lucan，iii. 293）。

③ 墨丘利，生于阿卡狄亚的西林奈山（Mt. Cyllenê in Arcadia）；参阅 *Cyllenius Ales*，Claudian xxxiii. 77。

他们迷失了
声音和身体，一一发生了变化，
唯有各人的内心依然坚定，
在哀叹自己要忍受这副怪兽的模样。
啊，太乏力的手，
太无效的药！
虽然它们有魔力作用于人的四肢，
但却改变不了他们的心。
其中有人类的力量，
保藏在秘密的城堡里。
但还有发作得更猛的毒药，
它会使人完全丧失自己——
多么恐怖啊！——让内心也沉沦，
它并非侵害人的身体
而是重创他们的心灵。

四　恶人的多重不幸

于是我说："您说得对；我想也可以这么说：恶人虽然还留有人类的躯壳，但在心灵的品质上已经变成了禽兽；而我多么希望，那些要害好人的丧心病狂的坏人，不具备他们能力可及的手段。"

她说："我告诉你，那样的想法是不对的；一旦据信属于恶人的能力被剥夺了，那他们所受的惩罚也就会减轻。这似乎令人难以置信，但却是实情：恶人心想事成的时候一定比恶意未遂的时候更加的不快乐。如果说，有作恶的动机已经算很悲惨了，那么，有作恶的能力就更可怜了，因为要是没有能力，作恶的动机也就无法得逞。既然它们相应地都有各自的可怜程度，那你要是看到有谁想作恶、能作恶并正在作恶，你就可以肯定他是在遭受着三重的不幸。”

“这我赞同，”我说，“但我真的很希望，有人把他们作恶的能力给剥夺了，好让他们迅速脱离那种不幸。”

“他们会很快解脱，”她说，“比你期望的还快，或者说，比他们以为的还要快。因为在短暂的一生当中，死来得最迟，而人心又总是觉得它是不死的，所以人的心里老以为来日方长。他们往往想不到，他们的远大抱负和绝顶的阴谋诡计，居然顷刻间破灭或终结了；那其实是给他们的悲惨设定了期限。如果说，邪恶令他们变得悲惨，那么，长期的可怜就注定是更加悲惨的。我敢断言，他们是人类中最为不幸的；而最终的死亡，起码也为他们的邪恶设定了期限。关于那笼罩着恶行的不幸，我们若是有什么正确结论的话，那就是：所谓没完没了的悲惨才是没有期限的。”

于是我说：“这真是美妙而不易接受的结论；但我承认，它与我们先前的认识完全一致。”

“你的想法是对的，”她说，“谁要是觉得结论难以接受，最好请他表明前设有假，或者，表明前件的联结不能得出必然的结论。否则，在前件都得到认可的情况下，绝对没有理由拒斥结论。接下来我还要谈到一个问题，它也许同样令人吃惊，然而，它也是从已经被接受为真的事项中必然地推出来的。”

“什么问题?”我问道。

“与正义所要求的惩罚未尝实施的情况相比，”她回答说，“恶人接受惩罚是更幸福的。我现在可不是在费力论证一个人人心中都可能出现的观点（即用报应来改邪、用刑罚的恐怖来归正，同时还可以起到以儆效尤的作用）；我要说的是另外一种情况：如果恶人未尝受罚，也无人责令他们改正，更没有以儆效尤的考虑，那么，恶人将会更加的不幸。”

“除此之外，另外的情形又如何？”我问道。

她回答说：“我们不是说过：好人幸福，恶人悲惨吗？”

“是的。”我说。

“在可怜境遇上添加了好处的人，”她说，“比那些一味可怜而不掺任何好处的人，不是要快乐一些吗？”

“似乎如此。”我说。

“而要是这位可怜的人什么善也没有，却在导致他不幸的邪恶之外再加上一种恶，那么，与他因分享了善而脱离不幸的情况相比，是不是应该认为前者远远不如后者来得快乐呢？”

“没错啊。”我说。

“而恶人受罚显然是正义的，让他们逃脱惩罚则是不义的。”

“这谁能否认呢？”

她说：“任何正义的事物都是善的，而任何不义的事物都是恶的——谁又能否认这一点呢？”

我回答说，那是显然的。

“因此，当恶人受到惩罚的时候，就有某种善加给了他们（这种善就是惩罚本身，因为惩罚出于它的正义，所以是善的）；而当恶人未尝受罚、继续为恶的时候，他们就会更添一重恶（这种恶就是任由他们的恶不受惩罚，[①] 而我们已经认定不惩罚也是一种恶，因为它是不义的）。”

“这我无法否认。”

“因此，恶人获得不公正的豁免，比他们因正义的报应而受罚，要来得更加的不快乐。”

于是我说：“这诚然是从刚才的结论中推衍出来的。而我现在要问您的是：您不为肉身死后的灵魂准备惩罚吗？”

---

① 或：“他们有了更深重的罪孽——他们不受惩罚，这是你纵容的……”

“其实有极大的惩罚，”她说，“其中一部分伴随着苛刻的刑罚，一部分伴随着净化的仁慈。但这还不是我现在要讨论的问题。[①]

“首先，我们当前的任务是要让你明白，恶人的力量其实是虚无，尽管你似乎不堪忍受；其次是要让你看到，之前你抱怨未罚的那些人，永远免不了要为他们的邪恶而受到惩罚；再次是要让你知道，你祈盼尽快结束的放纵，不可能持久，因为它持续越久，他们就越不幸福，若它永无休止，那真是不幸至极了；最后还有：恶人获得不公正的豁免，比他们因正义的报应而受罚，要来得悲惨得多。而这一点又源于下述结论：一旦觉得他们可免于惩罚，那就会有更沉重的惩罚施加到他们身上。”

于是我说：“我看你的论证，真是说得头头是道；但我又转念想到了那些关于人类的判断，难道还会有谁会觉得它们值得相信并值得一听？”

“确实如此，”她说，“因为他们的双眼看惯了黑暗，不适应明亮的真理之光；他们好比那些鸟雀，眼睛是夜明昼瞎。他们所在乎的并非世界的秩序，而是自己的欲望；他们以为，随心所欲地作恶而不因恶行受罚，乃是一件快乐的事情。”

“但请看看，永恒的律法究竟规定了什么。假如你的思想已经与更好的事物相一致，那就无须裁判来授奖，你自己已经加入了更优异事物的行列。而要是你转向了更坏的事物，那也无须找人来惩罚你，你已经将自己推进了更低事物的堆里；这就好比你一会儿看看肮脏的地面，一会儿看看天空，只要你凭亲眼所见的证据，而抛开一切外部标记，你就会觉得那真是一种天壤之别。但庸众并不仰望星空：我们说他们就像一群野兽，难道我们还要加入他们的行列吗？假如一个双目失明的人，全然忘了自己曾经有过视

① 下文也未见探讨。这里未必涉及“涤罪”（直至6世纪之后才有此种意义上的用语），而是涉及柏拉图对话中的神话；H. F. Stewart 在提及 *Gorgias* 525 B 时，已着重指出过这一点（*Boethius*: *An Essay*, 1891, p. 98 f.）。

力，并觉得自己作为一个人而言，压根儿没什么缺陷，那我们这些明眼人，难道会跟这个盲人一般见识？对于下面这个有根有据的观点，他们同样也不会赞同：多行不义的人比受害者更为不幸福。"

"这些道理我爱听。"我说。

"凡是恶人都该受罚，"她说，"这你不否认吧？"

"一点也不。"

"恶人不幸福，这一点也是再明显不过的了。"

"没错。"我说。

"所以，你不怀疑，那些应受惩罚的人是可悲的？"

"我不怀疑。"我说。

"那要是让你来当法官的话，"她说，"你会认为谁该受惩罚，是那个行不义的人，还是那个受害者？"

"毫无疑问，"我说，"我应该惩罚作恶者，让受害人满意。"

"所以，在你看来，行不义的人，比受害者更悲惨。"

"没错。"我说。

"所以，按照同样的道理，背信弃义当然会给人带来不幸，因而对一个人行不义，显然意味着是行不义者的不幸，而不是受害者的不幸。"

"可如今，"她说，"那些辩护人却反其道而行之。他们企图煽动法官怜悯那些遭受了严重伤害的人，而事实上，怜悯更应该给予那些侵害者，应该让友善而仁慈的，而非怒不可遏的原告，来将侵害者带到法官面前去，就像领着病人去就医一样，以便通过惩罚来消除他们的罪过。要是那样的话，辩护律师的工作也就没什么干头了，或者，若他们乐于助人，他们也可以改做检举人。至于说恶人自己，如果让他们得以一瞥他们所遗弃的美德，并知道自己受痛罚之后会放弃恶污行为，那他们掂量了受苦和受益之后，就不会觉得受罚有多痛苦了，他们甚至还会拒绝辩护律师的努力，把自己完完全全地交由检举人和法官处置。因此，聪明人根本不会为憎恨留下余地：除了十足的傻子，谁会憎恨好人呢？同样也根本没有理由去憎恨恶人。罪恶是心灵的疾病，正如虚弱是身体的疾病；既然我们会说，身体患病的人绝不应该受到憎恶，而应该得到同情，那么，那些心灵受了邪恶压制的人，就更值得我们同情而不是摧残，因为邪恶比任何的身体病弱都要残酷许多。”

为什么你喜欢煽起暴乱，
并且自取灭亡呢？
如果你要死，死神便会马不停蹄地
不请自来。
毒蛇、狮、虎、大熊、野猪，
用利牙猎食人类，而人自己，则用刀剑相互厮杀。
他们悍然发动一场场血腥的战争，
他们手执兵器，赴汤蹈火
难道就是因为他们彼此有别、风俗有异？
残忍何须正当的借口；
你不是要按照人的功过，来施行公正的报偿吗？
那就好好地热爱善人并怜悯恶人吧！

五　是神的统治，还是机遇的摆布？

于是我说：“我已经看到了，在诚信者与阴险者的功过之中，都含有什么样的幸福和什么样的可悲。而且在我看来，即便在有关命运的流俗观念当中，也有好坏之分：因为凡是聪明人，都不愿被流放，不愿穷困潦倒，而愿意在自己的城邦里，飞黄腾达，有钱有势，赫赫有名，威风凛凛。当统治者能够在某种程度上与民同乐的时候，尤其是当法定的监禁、处死等苦刑都理所当然地加于邪恶市民身上时（因为这些东西正是为他们而设立的），这才是一种能够更加鲜明地体现智慧职能的方式。如今为何黑白颠倒：恶人应受的惩罚，却反而让好人来承受，美德应受的奖赏，却反而让恶人给夺走了；如此是非混淆，您作何解释？我非常纳闷，非常渴望从您那里弄清楚这一点。若我相信，这一切全都是机遇搅乱的，那我自然就不会那么纳闷了。但我相信神是统治者，这令我备感困惑。他常常把快乐给好人，把不如意给坏人，但与此同时，他又经常让好人备受磨难，让坏人称心如意；除非我们知道他这样做的理由，否则的话，他的统治与机遇的摆布还有什么两样？"

"当你还不知道秩序的真实根基时，"她说，"你当然会觉得那事很偶然，很不可理喻。但是你啊，虽然不知道这个伟大秩序的原因，你也千万不要怀疑一切都有妥当的安排，因为有一个善的统治者，正在井井有条地治理着这个宇宙。"

谁要是不知道，大角星怎样
在天顶附近移动，
为何牧夫座会缓缓地随着北斗七星，
迟迟地将其火光沉入海底，
而后又迅速升起，
那他就会为上天的律法而惊叹。
让满月的芒光变得苍白，
笼罩在厚厚夜幕的圆锥中，
让曾被她的亮脸遮匿的星星，变得黯淡，
让朦胧的月神发现：
百姓的谬见扰乱了多少国家，

连槌的敲击磨蚀了多少青铜响器。①
西北风的吹拂
掀起惊涛拍岸，这不稀奇，
积雪厚冰，在和煦的阳光下
融化，这也不稀奇。
因为这里的原因显而易见，
而不明的原因，才会扰乱人心；
凡是巧合而罕见的事物
以及出乎意料的东西，都让易感的民众惊奇。
快让无知的迷雾消散吧，
不要再让它们显得那么不可思议！

六　论至高的神佑

“确实如此，”我说。“不过呢，既然您的职责是要探明原因和解开谜团，那就请您解释一下您由此得出的结论，因为我先前提及的怪事实在令我困扰。”

于是，她微笑着对我说：“你要我谈的这个问题，是所有问题中最重要的一个，无论你说得多么详尽，恐怕都难以把它说清楚。这种问题，就像多头的海德拉（Hydra）② 一样，你解决了它的一个疑问，它还会在老地方生出一大堆疑问来；若不是用最活跃的思想之火将其压服，那它们就会没个完。在这个核心问题之下，

---

① 这里所说的是一次满月的月食，当时月亮隐入了地球阴影的圆锥之中（Cf. Ptolemy, vi. 5; Macrobius, *In Somn. Scip.* i. 15. 10 ff.）；当时的罗马人惧怕这个不祥之兆，所以敲锣打鼓以禳之（Cf. Livy xxvi. 5. 9 and Tacitus, *Ann.* i. 28）。

② 赫库利斯所斩杀的七头水蛇；其一头被斩，在伤口上又会长出两个头来。

我们还要涉及神佑的单纯、命运的手法、机遇的突然、神的知识和预定、意志的自由等——你很清楚，这些都是极有分量的问题。而且你还要知道，这些东西也是配给你的一部分药，虽然我们的时间有限，但我们还是要对它们进行一些探讨。美妙的乐章固然令你满意，但你也不要急于去享受，因为我为你编制了一组环环相扣的论证。”

“谨听尊命。”我说。

而后她便谈了起来（仿佛是从一个新的起点出发）：“万物的创生，自然变迁的整个历程，以及形形色色的变动，[①] 都是由恒定的神圣心灵赋予其原因、秩序和形式。神圣的心灵坚守在它自己的单纯本性的城堡里，为万物的运动设置了各种各样的方式。这种方式，当它在绝对纯粹的神圣理智里面被沉思的时候，它就叫作神佑；而当它与它所驱动和安排的事物相关联的时候，它就是古人所谓的命运。谁要是细究一下两者的实质，那其中的差异也是显而易见的：神佑乃是神圣理性本身，它是万物的最高统治者所固有的、安置着万事万物的一种理性；而命运则是活动的万物所内蕴的一种配置。凭借这一配置，神佑将万物井井有条地联结在一起。神佑将各不相同而又无穷无尽的万事万物收容在一起；而命运则安置着因运动而分开的事物，将它们分配在空间、形式和时间之中；所以，当这种时序的展开被统一在神圣心灵的预见之中时，这样的一种统一就是神佑；而当同样的统一在时间中得以分配、得以展开时，这种统一就叫作命运。”

“我们可以说，两者彼此有别，但两者又相互依赖；因为命运的秩序乃是从神佑的单纯里面生发出来的。正如一个工匠，首先在脑海里构

---

① “moveri”一词，为翻译拉丁语哲学或科学文献造成了诸多不便：它即是中动态，又是被动态；它既可以表示“运动”（不及物动词：如月亮移动），也可以表示“受动”（被动语态：如家具被移动了）；拉丁作家往往用它对译希腊词“κινεἰσθαι”（亚里士多德等人用该词表示各种“变动”或状态变化）。读者在本书中读到“变动”一词时，应该考虑到这一点。

思他要制作的东西的形式，然后付诸实施，一步步地按照时间的顺序，将他先前以单纯和瞬发的方式所设想的东西给制作出来；同样，神凭借神佑，以一种单纯、不变的方式，安排了他要做的事情，又凭借命运，以一种展延和历时的方式，完成了他所安排的事情。无论命运是否通过那些侍奉神佑的精灵起作用，无论命运的手段是通过灵魂或整个自然的效命、星体的运行来实现的，还是通过天使的力量或魔鬼的花招来实现的，有一点是显而易见的：神创造万物的单纯而不变的形式就是神佑，而命运则是单纯神佑安排下的事物的动态交织和时序编排。”

“所以，命运掌控下的万物同时也受神佑的支配，甚至命运本身也隶属于神佑；不过也有些事物，受神佑的支配，却不受命运的摆布。这些事物死死守在伟大神圣者的近旁，因而不受命运的可变性的管制。比如有一些围绕同一中心旋转的球体，其中最里面的一个逼近了纯粹的中心，成了其他球体的轴心，其他球体在它之外、围着它转；而最外围的球体，则沿着更大的圆周旋转，它离开纯粹的中心越远，它波及的空间就越大；而要是某个球体汇入或融入了那个中心，那它也就纳入到了其单纯性之中，从而不再传播和散布自己：同样，远离首要思想的那些事物，已经深陷命运的网罗之中，而越不受命运摆布的事物，则与万物的中心挨得越近。如果事物能够坚守稳固的至高思想，那它也将岿然不动，并超越于命运的必然性之外。因此，命运的流转与神佑的纯、静之间的关系，正如同推理之于智性、变化者之于存在者、暂时之于永恒、圆圈之于中心的关系。命运的进程推动着苍穹和星辰，它把各种元素按比例混合，并通过置换来改变它们的形状；它通过同类幼体和苗裔的成长，使万物生生灭灭、更新不已；它用一条坚固的因果链（因其源自不变的神佑，因而也必然是不容变更的），将人类的行为和运气捆绑在一起。统治万物的最佳方式莫过于此：由纯粹的神圣心灵生发出不可变更的因果序列，再由该序列凭借其自身的恒定性来约束流变的万物（否则它们将湮没在偶然性之中）。”

“也许在你看来，万物是杂乱无章的，而且你也无力思考其中的秩序；但是，万物自有分寸将自身引向善（正是这善在安置着万物）。因为，凡事都不是为了恶的缘故而做的，甚至恶人也不是为恶作恶。正如我们已经充分表明的，恶人只不过是在追求善的时候，误入了歧途，不再以之为秩序；他们远离了至善这个中心，从各方面背离了源头。事情对好人而言有好、有坏，而坏人呢，同样会碰上如意和不如意的事情；对此你也许会说，那样的不分青红皂白，简直不公之极！人类是否真的具有健全的理智，来保证他们对好坏的判断必然是所想一致？然而，在这一点上，人们的判断却相互冲突；有人觉得某某人该得奖赏，也有人觉得他该受惩罚。”

“就算我们退一步说：有人能够辨别好人与坏人。但他真的能够洞悉人类内心的气质吗（类比于所谓的身体品质）？情况往往是这样：不知情的人总感到纳闷，为什么同样是健康的身体，有的适应甜的东西，有的却适应苦的东西？或者，同样是患病的身体，为什么有的要靠温和的药物来治，而有的却要猛烈的药物来治？而那些医生呢，因为了解健康与疾病的状况与品质，所以不会感到纳闷。你倒说说看，心灵的健康，除了善还会是什么？心灵的疾病，除了恶还会是什么？除了神（心灵的统治者与医治者）之外，还有谁能够既弃恶又扬善？他从神佑的高塔向外瞭望；他知道了每个个体适应什么，并做了相应的安排。这等事情乃是由知晓一切的神所为，无知的人看到它们却感到困惑，于是就以为是命运安排的咄咄怪事。”

关于上帝的深奥，我们可以举几个我们能够理解的例子——在你看来是最公正、最伟大的正义保护者，在无所不知的神佑看来，则似乎刚好相反。我们的同仁陆坎（Lucan）曾经指出，征服者的理由令众神欢喜，被征服者的理由令卡图欢喜。[1] 所以，你若是看到有什么事与你的

---

① Lucan, *Pharsalia*, i. 128; *victrix causa deis placuit, sed victa Catoni.*

期望相矛盾，就可能会以为那是不应有的混乱，但其实它是正常的秩序。假如有一个人，他各方面都得天独厚，无论是神还是人，都对他有一致的判断，但是就心灵的力量而言，这个人仍然是软弱的；一旦他遭受什么挫折，他就可能不再维护自己的清白，因为清白的方式未必总是能够保持他的好运气。所以，明智的神佑不会让不该遭罪的人遭罪，免得他无端受苦。再假如有一个十分完美的人，一个神圣的或类似于神的人；凡是神佑以为可怕的苦难，都会影响他，所以也不应该让身体的病患来困扰他。一个贤于我的人曾经说过：

> 圣人的身体乃是上天所造。[①]

“而获得了人事最高指引的往往是那些好人，因为那样才能打退邪恶。正是根据各人心灵的品质，神佑让一部分人拥有了一个适合于他们的、有好有坏的命运；又让另一部分人陷入了苦恼，免得他们因好日子一长而变得无所节制；甚至还让一部分人遭受苦难的折磨，以便通过他们的忍辱负重，使他们内心的美德更加强劲有力。有些人能够承受却害怕承受，有些人承受不了却不当一回事——神佑要让这些人吃些苦头，以此来引导和试炼他们。有些人以光荣牺牲为代价，换取了世人尊崇的名声；有些人不向苦难屈服，为旁人树立了榜样——美德不向邪恶屈服。毫无疑问，这些事情做得很对，做得井井有条，而且与那些人的善相符合。出于同样的缘故，恶人也时而遭一些罪，时而称心如意。他们遭罪并不令人感到奇怪，因为大家都认为他们罪有应得——而且他们的

---

① 其希腊文本不详或未知：早期译文采纳“virtues”一词来翻译“αἰθέρες”（不光乔叟和伊丽莎白这么做，就连9世纪的诺特克也这么做）。复数的“αἰθέρες”表明该词出现甚晚；照Peiper的说法，它并非来自巴门尼德。它或许出自“奥菲斯教”的某些后期文献；波爱修准是从新柏拉图主义的注释（可能是有关柏拉图《礼法续篇》984E的注释）中辑选出来的。“奥菲斯”不愧为“贤于”哲学文士的“圣人”。

遭罪，对他人而言是以儆效尤，对自己而言是纠正错误——但是，他们的幸运，却向好人提出了一个严重的问题：他们常常看到恶人过好日子，对此，他们又该如何评价？还有以下情况，我认为也是安排好了的：有些人本性顽劣、粗鲁，他们对财富的渴望，很有可能会引发犯罪；这时，神佑替他治病的良方就是给他钱财。人一旦念及他那被罪行污染了的良心，并拿自己的品质与运气相对照，那他就会担心：自己若是失去了让人快活的享受，恐怕会受不了；这样他也就会改变行为，会因为害怕丢失运气而放弃邪恶。享受不应有的荣华富贵，也使人们落入了活该的苦难之中。有些人被授予了惩罚他人的权力，那也许就是赏善罚恶的依据。诚信者与阴险者之间难以达成协议，同样，阴险者之间也难以达成一致。既然他们自己都出尔反尔，他们的邪恶把良心都撕碎了，既然他们经常做一些自己觉得后悔的事情，那么，他们怎么可能达成一致呢？”

“至高的神佑还常常制造这么一个惊人的奇迹：坏人使坏人变好。有一些坏人认为，他们正在遭受比自己更坏的坏人的侵害，这时，他们因为厌恶那些坏人而内心窝火，他们力图与他们所厌恶的那些人划清界限，于是他们就重新收获了美德。神性的本质正是如此，坏人对它而言也是好的；因为通过给他们配上适当的用场，神最终提炼出了某种善。因为万事万物都隶属于某个秩序，所以，要是某物脱离了原有秩序，那它虽然滑入了另一境遇，但那也是秩序；可见，神佑王国内的事物，都不会陷于偶然。”

“‘很可惜，我不得不谈论这一切，仿佛我是一个神明。’① 因为，人类既不得用天生的能力去理解，也不得以言辞去表达神的全部事工。他们只要对下述内容有所了解就可以了：造物的神指引他们朝向那安置着万物的善；一方面，他急于保留那些按照他的模样所造的事物，同

① Homer, *Il.* xii. 176.

时，他又借助于命运的必然进程，将一切邪恶清除出他的国度之外。而要是你关注一下神佑的安排，看一看遍布地上的事物，你就会断定，它们中间并没有恶。现在，我看你已经被探索的重担压得喘不过气来，被冗长的论证搞得疲惫不堪了，你正期盼着一些甜美的诗句呢；所以，好好喘口气吧，那样你就会复苏，就会走得更远一些。”

如果你能够细心察看
崇高雷神的律法，
仰望高高在上的天穹；
那里的星星一向和和气气
遵循着宇宙的公正契约。
太阳的红红火焰，没有拦住
月神的冷冰冰的战车，
围绕着天顶飞旋的
大熊座，也不会
没入西方的深渊——
虽然它看着其他星辰下沉——
也渴望自己的火焰能够沉入海浪。
时光流逝，不差毫厘
昏星宣告夜幕降临
晨星重新带来了曙光。
彼此相爱，永动常新，
星罗棋布的地方
根本看不到战乱。
这些元素，和谐相处
平等相待，好斗的潮湿
反而为干燥让位，

而冷与热，也彼此相得。
火势熊熊，飞腾而上
大地负重，不断下沉。
也正是为此缘故，暖暖春色里
鲜花盛开，香气扑鼻，
炎炎夏日里，庄稼变得干燥，
秋天有沉甸甸的果实回报，
冬天有连绵的降雨浇灌大地。
这样的恰到好处，滋润着
世上的万事万物，使之生生不息，
这样的一种秩序，抓住、夺走并隐匿了它们，
并于终末之际将造物一一埋葬。
那时造物主端坐高处，
手执缰绳，统治宇宙，
它们的君王与主人、源泉与起始，
它们的律法，以及明辨是非的法官，
他要把那些受他触动的，[①] 拉回来
使它们不再游移；
假使他未尝召唤它们回归正道，
迫使它们再入正轨，
那井然有序的万事万物
将会与源头决裂，从而分崩离析。
这就是普施万物的爱；
它们祈望与目的（善）相维系，
因为那些生存的因素，若不能

① 指的是行星。Cf. Cic. *Rep.* i. 14. 22：stellae quae errantes et quasi vagae nominantur.

在回报之爱的力量驱使下，得以回流，

那它们将难以为继。

七　命运掌握在你自己手中

“那你现在能够明白，从我们刚才的叙说中可以得出什么结论了吗?”

“什么结论呢?”我问道。

“每一种运气都是好的。”她回答。

“但这怎么可能呢?”我又问。

“你看啊，”她说，“既然每一种运气，无论其带来的是喜是忧，都不外乎是为奖赏或磨炼好人而给予的，或者是为惩罚或纠正坏人而给予的，那么，每一种运气就都是好的，因为它们要么被公认为是公正的，要么被公认为是有用的。”

“言之有理，”我说，“如果我考虑到您刚才所说的神佑或命运，我自然就明白了，这是一个多么坚实有力的见解！不过呢，要是您同意的话，我们还是把它算作您所谓的不可思议的事情吧。”

“为什么?”她问道。

“因为，人们常常套用这样的说法（实际情况也是如此）：有些人运气不好。”

“看来，”她说，“你是要我们暂且借助普通人的用词，免得我们有脱离实际之嫌，是不是?”

“您说得很对。”我说。

“你不觉得有用的东西是好的吗?”

“是好的啊。”我说。

“而磨炼或纠正是不是有益的事情呢?”

“是啊。”我说。

“所以它们也是善的?”

“谁说不是呢?”

“这其中的内情是：他们在艰苦挣扎中培养了美德，或者，他们放弃了恶行，踏上了美德之路。”

“这无可否认。”我说。

“好运赐予好人作为奖赏，这又怎么说呢?难道老百姓不觉得这是好事吗?”

“怎么会呢！事实上，人们觉得这事好得很。”

“用正义的惩罚来管制坏人，这苦事又该怎么来看?难道那些人不觉得它是好事吗?”

“一点不觉得，”我说，“他们会认为它可悲之极。”

“所以，看一看，我们凭俗常的见解，是不是得出了惊人的结论。”

“什么结论?”我问道。

“因为，从我们已经认同的内容出发，”她说，“我们可以得出：谁拥有了美德，或正在增进美德，或正在求取美德，无论他有什么样的运气，那运气都是好的；但对于那些执迷不悟的恶人来说，什么样的运气都不见得好。”

“这有道理，”我说，“虽然谁也不敢承认。”

“因此，”她说，“每当聪明人被迫与命运较量的时候，他都不应该当它是坏事，正如每当战争号角吹响之际，勇敢者都不应该有苦恼。因为，就这两种情况而言，困难就是机遇，后者增进了荣光，前者增添了智慧。而这也正是美德之所以为美德的原因，因为它凭自身之力而不为苦难所征服。[①] 你既已踏上美德之路，你便不

---

① 在此，波爱修由“vires”（活力）一词引申出“virtus”（美德）一词；故而“美德”兼有“力量”或“活力”的意思，参阅 Cic. *de Or.* ii. 27. 120：*oratoris vis divina virtusque*（演讲者的神圣力量及美德）……但西塞罗还说（*Tusc.* ii. 18. 43)：“美德”一词可能源于“vir”（男人）。

会耽于淫逸，也不会沉溺于声色犬马。你与各种命运苦苦周旋，免得厄运压垮了你，或者好运宠坏了你。你要努力坚守中道；无论是不及还是过之，都有可能蔑视好运，而奖赏却不会轻视你的努力。你想要为自己塑造什么样的命运，全都掌握在你自己手中；因为，一切厄运，若它所起的并不是磨炼或纠正的作用，那它就是起惩罚作用。”

征战十载之后
随着佛利吉亚的陷落，阿特柔斯的复仇之子[①]
为床榻受到冒犯的弟弟复了仇。
因为他希望希腊舰队继续航行
他用鲜血换取风力，
他不顾自己是个父亲，俨然一个祭司的样子
用他女儿的喉咙来订立盟约（可怜的女孩）。
伊萨卡的奥德修斯为失去同伴而哭泣，
野蛮的独眼巨人躺在巨穴里面
把他们吞入了便便大腹中；
独眼弄瞎后巨人狂怒
他含着苦涩的泪水，为先前的享乐付出了代价。
苦干成就了大力神的名声：
他驯服了桀骜的人马怪，
他偷走了悍狮的猎物，
他一箭射中了斯蒂姆法鲁的鸟儿；
他从看守的恶龙手中夺回了果子，

① 阿伽门农向佛利吉亚的特洛伊城开战，目的是为了报复帕里斯诱拐了其弟墨涅拉俄斯的妻子海伦；希腊舰队在迈锡尼至特洛伊的途中，因风停而滞留于奥利斯港，为了借风，阿伽门农遂以女儿伊菲琴尼娅为牺牲。

他紧紧拽住金苹果，
并用三重锁链牵着赛柏鲁斯。
故事还说，他打败了残忍的马主
并用他喂了他自己的驽马。
海德拉死了，它的毒液烧了；
河神阿克流斯的眉梢折角，他丢了脸
出了丑，于是把脸埋在他的河岸里。
大力神把高大的安泰打倒在利比亚沙地上，
凯库（Cacus）之死平息了伊凡得（Evander）之怒。
天盖重压他的双肩，
鬃毛直竖的野猪大汗淋漓。
他的最后一役，是用不屈的颈项
撑起了天空，作为最后一役的奖赏
他赢得了天堂。
伟大的典范指引了明路
勇敢的人儿，往那儿冲吧。难道你还要怠惰
并扭身逃跑吗？你越过了大地
蒙赐天上的星辰。

卷五　解惑篇

一　机遇的偶然与必然

她说完了这些，正欲话锋一转，讨论其他的问题；我便打断她说："您的劝勉很有道理，与您的权威非常相称；但是，您刚才就神佑所说的一番话，我凭经验已有所领悟（虽然它是一个困扰了许多人的问题）。我想要知道，您是否认为机遇是某种东西，如果是的话，那它究竟是什么？"

"我正在为实现诺言而加倍努力，"她答道，"我要为你打开那条可以带你回家的路。你所说的事情，固然值得了解，但也有些偏离了我们预想的路径；如果你在小道上走累了，恐怕就难以坚持到大路的尽头。"

我说："这您不必担心。我们权且逗留片刻，探讨一下我最感兴趣的事情。再说了，您的全部论证既然都具有无可置疑的可靠性，那您的结论也就没什么可怀疑的了。"

"那就依你好了，"她答道，并立刻补充说："确实有人把机遇界定为随机运动产生的结果，而非来自因果链；而我则断言，机遇什么都不是，我认为它除了指称我们所谈论的主题—事件以外，就不过是一个毫无意义的声音。因为，上帝已用秩序限定了万物，哪里还有机遇的份儿？因为，虚无来自虚无，这乃是真知灼见，虽然古人未尝为之辩驳，但他们提出它，当它是论述本质的一个基础（尽管他们不把它运用于创世原则，而是运用于从属的物质）。若有东西无缘无故地产生，那它很可能发自虚无；如果没有这回事，那么，我们刚才所定义的那种机遇，也就不可能存在。”

“那何以见得就没有东西可以被确切地称为机遇或运气了呢？”我问，“还是说，这些名字属于某种不为人知的事物？”

她说：“亲爱的亚里士多德曾经在他的《物理学》中[①]，以一种简洁、真切的论述，为它下了一个定义。”

“他怎么说？”我问。

她说：“怀着某种目的做一件事情，结果，却因为这样、那样的原因，产生了预料之外的另一种事物，这就叫作机遇；例如，有人刨土是为了翻耕他的田地，结果却发现自己挖到了一堆金子。这正是人们所谓的机缘巧合，但它并非凭空而来。因为它有相应的原因；不可预见加上出乎意料，所以就显得像是发生了一次偶然事件。如果耕夫未曾刨土，如果钱财的主人没有将金子放在那地方，那也就不会有挖到金子的事。可见，这笔横财是有来头的：环环相扣的原因导致了它的出现，而不是谁想挖就能挖到的。因为，无论那个藏金子的人，还是那个刨地的人，都没想到金子会被发现；而是像我所说的：有人将金子藏在了那里，碰巧另一个人挖到了它。为此，我们可以把机遇定义为：在为某种目的而做的事情中共同发挥作用的原因所引发的出乎意料的事件。因此，使诸多原因集中发挥作用的乃是这样一种秩序，该秩序伴随着必然的联系，而且，因为它源自神佑，所以凡事都各得其所、各适其时。”

---

① *Physics*, ii. 4 – 5.

在波斯的崇山峻岭中，[①] 骁勇的帕提亚人在撤退
他们的利箭穿透了追兵的喉咙；
底格里斯河与幼发拉底河有共同的源头，
后来它们分道扬镳了；
如果要它们汇合，再次纳入同一个河道，
如果万流统统归一了，
那水上船只就会与江水冲来的树干相碰，
而交汇的水也将在偶遇的路上掀起旋涡。
然而，这随遇的盲流，总沿着斜坡
顺流而下，本性使然啊。
而那机遇，看似在漫无目的地游荡
也一样套着笼头，一样循规蹈矩。

二　论自由意志

“我明白了，”我说，“而且您说的我都赞成。但在这个环环相扣的原因序列里面，是不是还有我们的自由意志的余地？难道这个命运之链，也约束着人类心灵的运动？”

“当然还有自由，”她说，“因为要是天性中缺乏了意志自由，那也就谈不上什么理性的生灵了。因为凡生来能够运用理性者，也都会有判断能力来决断事情；唯其如此，它也便能够分辨出，自己要避免的是什么，自己要欲求的又是什么。那样的话，他认定自己想要的，就去追

---

① 阿契美尼斯（Achaemenes）是波斯王居鲁士的祖父；在贺拉斯和奥维德等人的用法中，形容词“Achaemenius”仅仅指的是“波斯的”。至于底格里斯河与幼发拉底河同源的说法，希罗多德、斯特拉波及普林尼都知道那是错误的。Cf. Isidore, *Etym.* XII. xxi. 10: *Sallustius autem, auctor certissimus, asserit Tigrim et Euphraten uno fonte manare in Armenia.*

求；而他认为自己应该避免的，就远远躲开。所以，凡有理性者都有想要或不想要的自由；只不过，我敢断言，他们各自的自由是不平等的。天上的神圣实体能够明察秋毫，拥有永不堕落的意志，并有能力实现自己的欲求。而人类的灵魂，当它们凝神沉思神圣的思想时，确实是最自由的；当它们滑入物欲中时，便只有少得可怜的自由；当它们被血肉之躯禁锢时，它们的自由就更少了。而当它们从天生的理性状态堕落下来，并向邪恶缴械的时候，它们所受的奴役便到了无以复加的地步。因为，一旦他们的视线从至高真理之光，降到了黑暗的低级事物之上，他们就会立刻陷入无知的迷雾之中，并被恶劣的情绪所困扰；他们因为卑躬屈膝、唯唯诺诺，所以加剧了自取的奴性，因而在某种程度上，他们为自己的自由所囚禁。神佑的关注，早就预见了万事万物；他看清了这一点，并根据各人的功过，安排了早已注定的赏罚。”

太阳神熠熠生辉
“看见了万物，听见了万事”，
荷马用如此甜美的歌声来赞颂他；①
可即便是他，也不能用
柔弱的光线穿透
大地或海洋的最深处。
而伟大宇宙的造物主却不同：
他从高处注视万物，
世上的一切阻隔不了他，
黑夜乌云也遮挡不了他。
现在的所是，曾经的所是，将来的所是
他只需一转念，便尽收眼底；

① *Il.* iii. 277 et alibi.

唯有他洞察万事万物，他
可谓是真正的太阳。

三　我对神佑预知的疑惑

于是，我说："瞧，我又糊涂了，这会儿的疑问更大。"

"什么疑问?"她问道，"快说吧！你的困惑，我也猜到几分了。"

我说："上帝预知一切，人有自由意志，这两件事看起来实在矛盾至极。既然神预见了一切，而且从不出错，那他在神佑中所预见的事情都必将发生。如果自始至终，神不仅预知人类的行为，而且预知他们的计划和欲望，那自由意志就不存在了；因为人类的行为和欲望，都逃不出无谬神佑的预先察知，舍此别无其他可能。因为，如果它们能够撇开预见而采取其他形式，那么，神对于未来，就不再有可靠的预知，而只有不确定的意见——这在我看来，是对神的亵渎。"

"他们以为自己有依据能够解决这个棘手的问题，可我却不这么看。他们说，一件事情即将发生，并不是因为神佑预见了它要发生，而是反过来，因为某事即将发生，所以它瞒不过神佑；这样一来，必然性就悄悄溜到相反一方去了。他们说，未必是预见到的事情发生了，相反，必定是即将发生的事情被预见到了；仿佛我们的探究目标，就是为了发现预知未来事物必然性的原因，或发现神佑的未来事物的必然原因；仿佛我们并不是为了表明：无论原因序列的情状如何，被预知的事情必然发生（尽管看起来，预知似乎并没有将发生的必然性授予未来的事物）。"

"如果某人坐着，那么，认为他坐着的这个看法必然是真的；反过来，如果某人坐着的这个看法是真的，那他也必然坐着。可见，两种情况下都有某种必然：后者是'他必然坐着'，而前者则是'看法必然为真'。但并非因为看法为真，所以某人才坐着；而是因为先有某人坐着这一回事，所以那个看法才是真的。可见，尽管真实只能源自其中之一，但两种情况都具有必然性。”

“在神佑和未来事件的问题上，显然还有这么一种主张：事情之所以被预见到，乃是因为它们是将来的事件，但事情之所以发生，并不仅仅因为它们已经被预见到；然而，无论是哪种情况——无论是因为事情将临而必定被神所预见，还是因为它们被预见所以才发生①——都足以摧毁自由意志。但若要说暂时事件的发生构成了永恒预知的原因，那简直是本末倒置！‘未来事情即将发生，所以神才预见到它们’，难道这样说，不就等于认为‘事情一旦发生，便成为最高神佑的原因了’吗？当我了解某事物之所是时，该事物定当如此；同样，当我了解某事物之将是时，该事物也必将如此；因此，被（神）预见的事情的发生是不可避免的。最后，若是有人认为某事物非其所是，那他的认识非但不是知识，而且还是错误的看法，与真知相去甚远。因此，如果未来事情的发生是不确定或不必然的，那又怎么可能预知它即将发生呢？既然真知不会掺杂谬误，所以知识所认定者就不可能与被认定者不符。知识之所以毫无谬误，其真正的原因在于：每一个事物必然与知识对它的掌握相一致。”

“可是，神又怎么预知这些不确定的事物该如何发展的呢？既然这些事物有可能不发生，而神却认定它们必然发生，神岂不是错了？——这样想已是对神的不敬，而公然宣扬就更是大逆不道了。但要是他看到，这些未来事物正好是它们实际上的样子，因而他知道，它们既可能发生，也可能不发生，像这样的预知，根本没有掌握任何确然、稳定的内容，所以它究竟算是一种什么样的预知呢？它与蒂利希阿斯（Tiresias）的荒唐预言相比，又有什么不同？——‘凡是我说的事情，

① 关键在于：上帝确实预见了一切，因而……

要么发生，要么不发生。'[①] 而要是神佑只像人类所做的那样，将不确定是否会发生的事情断定为不确定，那他与人类的意见相比，又能好到哪里去呢？如果他作为万事万物的最确定的源泉，没有丝毫不确定的地方，那他预知必将发生的事物就一定会发生。"

"因此，人类心意或行为毫无自由可言，因为预见一切、绝无差错的神佑将它们维系和约束成了一个现实的发生过程。一旦这一点得以确立，人类的各项事务就会落入极其糟糕的境地！既然人心没有自由或自愿的作为，那按其作为来惩恶扬善也就变得徒劳了。惩恶扬善这一通常所谓的正义之事，也会显得不义至极，因为好人和坏人都不是随意而动，而是受特定目的引导下的某种必然性的驱使。那样也就无所谓恶行和德行了，一切功过是非都成了一笔糊涂账；而且，更为糟糕的是：由于万有秩序均源自神佑，人自己实在图谋不了什么，所以我们的恶行也顺理成章地要归结于善物的造物主。于是乎，想望什么或禳祷某事的转变，都没什么意义了；[②] 因为，当所有可欲之事都维系着既定的进程时，人还能有什么可想望的？还有什么可禳祷的？"

"因此，人神交通的唯一途径也被堵上了——那条路就是想望或禳祷（如果我们真的能够以适当的谦卑为代价而赢得神恩的无量回报的话）；同时那也是人类得以与神进行对话的唯一途径，他们以这种祈愿方式，得以融入那个不可接近的光明（甚至在他们得到所追求的东西之前）。一旦承认未来事物的必然性，那也就会认为它们缺乏力量，因而，我们又怎么能够融入并信守它——万有的最高法则呢？因此，正如您先前的诗歌所云，[③] 人类将不可避免地与源头决裂，分崩而离析。"

---

① Hor. *Sat.* ii. 5. 59 ; Cf. Cic. *N. D.* i. 70.

② 据推测，波爱修在此采用"deprecari"一词的通常含义，即"禳祷"；而不是指"祈祷"或"祈求"。而他采用的"optanda"的意思是指被欲求的东西（无论其好坏与否）。

③ 参阅卷四第六节诗歌。

究竟是何种不和谐的原因
破坏了这世界的公约？
神在两个真理之间
安置了何等巨大的纷争，
使得独立或分立的事物
彼此纠缠又互不迁就？
又或者，真理之间并无不和，
而是互相扶持着，
那一定是心灵，被肉体的盲目所腐蚀
凭自己的微弱之光，辨识不了
这世界的精巧纽结？
但为何心灵还要
对真理的隐秘特性孜孜以求呢？
它是否明白自己想要知道的内容？
可谁会费力去了解已知的东西呢？
而要是心灵不明白，那为何它还要盲目地寻求？
因为，谁会向往自己不了解的东西？
谁会追求未知的事物，
又怎见得就找得到它们呢？
谁能于无知中辨认出眼前事物的形式呢？
要不然是人心体察了天意
就立刻认识了整体和各个部分？
如今心灵为肉体的部分所遮蔽，
它尚未完全忘却自身，
它保持着整体，失去了各个部分。
因而，凡是寻求真理的人
都不会陷入两极：他既不是全都知道，

也不是全然无知，
他还保留着、记着并反思着整体，
他通过这种高屋建瓴的回顾，
就可以在保留的东西之外
再添上曾经遗忘的那些部分。

四　预知之事的自由发生以及理智的功用

于是，她说："对神佑的此种抱怨久已有之，当年西塞罗梳理预言之时便已涉及了它[①]，而今你心中念念不忘的也是这件事情；但迄今为止，你们中还没有一人详尽而有力地阐述过这个问题。个中的原委是：人类的思维尚不能企及单纯的神圣预知；人要是有所体察的话，就不会有任何疑问了。正好我要涉及这些令你困惑的事情，所以我也不妨在此澄清和解释一下这个问题。那些试图解决问题的人提出了解释，认为预知不是未来事件具有必然性的原因，从而主张预知根本没有限制自由意志；请问，为什么你会觉得这个解释并不奏效呢？而你，除了指出预知之事不可能不发生这一事实外，也没有对未来事物的必然性提出什么证明，难道不是吗？如果按你先前所说，预知未尝将必然性施加给未来事物，那么，为什么那些由意志决定的事情最终都会笃定无疑地趋往归宿呢？为了让你明白推论的结果，我们姑且假定没有预知吧。在此情形下，那些由意志决定的事情不会被迫接受必然性，对不对？"

"对极了。"

"而要是我们设想有预知存在，同时它又不会将必然性加诸事物之上；我想，那将会保留完整而绝对的意志自由。但你也许会说，虽然预

① *De Divin.* ii. 8 ff.

知并不为未来事物指派发生的必然性，但它是它们必然发生的一个标记。那样的话，即使预知不存在，我们也得承认未来事物有其必然的结果；因为标记仅仅指示实况，并不导致所指事物的发生。因而我们首先要表明，事情都不能撇开必然性而发生，这样，我们便可以将预知视为其必然性的标记；否则，要是没有了必然性，那预知也就不能成为非存在者的标记。但我们都同意，一个严密的证明绝不能靠标记来支撑，也不能由离题的论据来支撑，而必须从相关的、必然的原因中推衍出来。"

"而预见中的未来事物却没有发生，这怎么可能呢？假如说，神佑预知要发生的事情，我们却相信它不会发生，那岂不是认为：虽然它们确实发生了，但就其本性而言，它们并没有一定要发生的必然性。你很容易从下述例子中得出这一点：大凡事情在发生的时候，我们都会眼睁睁地看着它们出现在眼前，比如，看到马车夫领着车队调头，以及诸如此类的事情。可见，这些事情发生时，并没有必然性迫使它们发生，对不对？"

"对啊；假如一切都是受迫而动的话，那还要技能干什么？"

"因此，当事情正在发生的时候，并没有如此这般的必然性；而这些事情在发生之前，也都属于未来，并无必然性可言。可见，有一些事情，可以在排除一切必然性的情况下发生。因为我认为，对于那些正在发生的事情，并非谁都会说它们在发生之前没有'要发生的苗头'；所以，即使是预知中的事物，其发生也是自由的。有关当前事物的知识，不会给发生中的事情注入必然性；同样，有关未来事物的知识，也不会给即将发生的事情注入必然性。你认为这恰恰是问题的所在：对于那些未必会发生的事情，是否还有可能有所预知？因为这两样东西（预知与未必发生）似乎不能兼容；而你又认为，事物一旦被预知，就顺理成章地具有必然性，因为要是没有了必然性，它们就根本不可能被预知（因为知识所能够把握的无非是确然的东西）。如果未必发生的事情被预见成了确凿无疑的事情，那它只不过是含混的意见，而非真实的知识；因为你相信，与事实不符的思考，距离完善的知识甚远。造成这种错误的原因就在于：每一个人都以为自己是根据认识对象的力量和本质来认识它们的。但其实完全是另一回事：我们认识事物，不是依据事物自身的力量，而是凭借认识者的能力。① 我们可以用简单的例子予以说明：比如，在感知圆球的时候，视觉采取一种方式，触觉采取另一种方式；前一种感官在一定距离之外，凭借其发出的光来观看圆球整体，而后一种感官则与圆球触碰在一起，并紧贴着它的圆形表面，一点一点地触摸。”

“人类自身也正是采取了感觉、想象、理性和理智等不同的关注方式。感觉所打量的是固定基层质料的外形，想象所考察的只是撇开质料的外形；理性则把外形也撇开，通过概括来把握那呈现于诸多个体之中的类型本身。而理智则具有更高的眼光：它超越了环顾整体的过程，以纯粹的心眼察看单纯的形式本身。这是其中最值得关注的方面，因为，认识的高级力量包含了低级能力，而低级能力则无法企及高级能力。感觉所获得的无非是质料，想象无法触及普遍的类型，理性难以把握单纯的形式；而理智仿佛是居高临下的俯视，它通过对形式的感悟，而将隶属于形式的万事万物区分开来；它也正是以这种方式，把握了其他事物所不能了解的形式本身。因为它知道理性所把握的共性、想象所获得的外形，以及在质料层面上所感觉到的东西，它无须运用理性、想象或感觉，而是心中灵光一闪，便能够在形式层面上，将万事万物一览无余。同样，理性在把握共性的时候，也未曾运用想象或感觉去获取想象或感性层面的东西。因为正是理性规定了它所怀有的共性：人类是有理性的两足动物。这虽然是一个普遍性观念，但众所周知，它同时也涉及想象和感性层面的内容，只不过，它不是用想象或感觉的手段，而是通过理性的把握来思考这些内容。同样，虽然想象总是从感觉出发来观看和构

① 波爱修一再重申的这一原则，其实也可以在阿莫尼乌（Ammonius）有关亚里士多德《解释篇》（De Interpretatione）的注释中找到，虽然说法有所不同（Comm. Arist. Graeca, iv. 5, 12 ff.；其中阿莫尼乌声称自己追随扬布里柯）。波爱修的这个章节参考了该注释中的不少内容。

思外形，但它在概览感性事物时，却撇开了感觉，这时它所采取的不是感性手段，而是想象的手段。可见，上述各项都是凭自身的机能在思考，而不是凭认识对象的力量在思考；这你明白了吗？或者也可以说：因为凡是判断都是判断者的行为，所以毫无疑问，各种认识方式在执行任务时，都借助于自身的力量而不是外来的力量。”

柱廊①曾经为这个世界贡献了
几位非常晦涩的老学究，
他们认为，感性意象
来自身外之物体
它们被印在了人心之上；
就像人们喜欢用尖笔
在无字的空白纸上
刷刷刷地留下印记一样。
而要是内蕴活力的心灵
显出一片空白，
只是被动地留下
其他事物的印迹，
就像一面镜子一样
只能反射事物的虚像，
那么，人心中能够洞悉普遍概念的力量
又从何而来？
是什么力量，感知了个体？
是什么力量，区分了已知的一切？

① “柱廊”是指斯多亚门廊（Stoa Poikilē）或雅典画廊；斯多亚派创始人芝诺用它做讲堂。

又是什么力量，将已分的万物再度汇集，
并用更迭的选择
时而昂首朝向至高之物
时而低头俯就卑贱之物，
尔后又用真理匡正谬误
从而返回到它自身？
这乃是一种动力因，
比一味被动接受
外物印记的那些个原因
要有力得多。
而先行激发和推动了
心灵力量的，
乃是鲜活机体里的情感运动，
正如光刺激了眼睛，
喊声回响在耳际一样。
而复苏了的心灵力量，
又唤醒它内蕴的形式
进行类似的运动，
然后又将这些形式运用于外来的印记，
并将那些意象与
内蕴的形式结合在一起。

五　人类理性服从于神圣理智

“在感知有形事物的过程中，事物的外部特征影响了感官，而且身体的情感运动也先行于能动心灵的活动——这种运动唤起了心灵的行动，并激发了内蕴的各种形式；但尽管如此，如果在感知有形事物的过程中，情感运动未曾为心灵打上印记，心灵只是凭借其自身的力量，来判断那作为身体性质之一的情感运动，那么，我要说，在这个判断过程中，完全撇开了身体影响的那一些事物，是多么听从心灵行动的使唤，而不受外来事物的驱使啊！因此，按照这个道理，当然有许许多多的知识，分别属于形形色色的实体。不具备其他认识能力的单纯感觉，属于那些不动的生物（如海贝或攀岩生物等）；想象属于会动的兽类，它们似乎已有逃跑或觅食的倾向了。而理性（ratio/reason）只属于人类，正如理智（intellegentia/intelligence）只属于神圣者。如果某种知识不仅天然地认识自身的对象，而且也认识别种知识的对象，那么这种知识就更为优越。”

“可要是感觉或想象否认理性，说理性自以为能够把握的共性其实根本不存在，那又该如何呢？因为它们说，感觉和想象的对象不可能是普遍的；因而，要么理性判断为真，并且不存在感性事物，要么理性的概念是空洞的，因为感觉和想象的对象是杂多的事物，而理性却将感性、个别的东西当作共性的东西来对待了。而要是理性答复说，她确实在其共性方面看到了感性的对象和想象的对象，而它们却不能升华为共性的知识，因为它们的知识不能超越形体；我们的信任应该给予那些在认识事物方面更为牢靠、更为完善的判断：如此说来，我们这些既拥有想象和感觉力量，又拥有理性力量的人，难道不应该站到理性主张一边吗？同样，人类理性也会认为，神圣理智看不到未来事物，除非它们采取的认识方法相一致。你的主张是：如果事情并不一定或必然要发生，那也便不可能肯定地预知该事情将要发生。因此，对这些事情不可能有预知；如果我们认为这方面有预知，那就没有什么不是凭借必然性而发生的。正如我们享有理性，同样，我们也拥有神圣理智的判断力；正如我们认为想象和感觉应该为理性让路，同样，我们也必须认为人类理性服从于神圣理智是理所当然的。因此，让我们尽可能地升华到最高理智的高度吧；因为那样的话，理性就可以看到凭她自己所看不到的事物；也就是说，在那样的情况下，即使是不一定会发生的事情，也会有笃定无疑的知识来预见它，而且这种预知并非是意见，而是无限的、单纯的最高知识。”

地上形形色色的生物何其多！
它们有的身材修长，靠着腹部力量爬行，
粘着尘土，留下一道道绵延的痕迹；
有的拍打着轻盈的翅膀，
自由地翱翔在空中；
还有的喜欢在地上留下足迹，它们迈着步伐
跨越绿野，穿行丛林。
所有这些生物，虽然你看它们形形色色，
但它们都因为脸朝下而变得感觉迟钝了。
只有人类，挺着他们高贵的头颅，
直身站立，俯瞰大地。
这个姿势告诉你（除非你也低头沉迷而变傻了）：
你既然昂首挺胸，直面仰望上空，
也当让你的心灵升华，免得它不堪重负
堕落到高昂的身首之下。

六　论永恒以及赏善罚恶的保障

“我们曾经指出，事物并非依据它自身的本质而被认识，而是依据认识者的本性而被认识；现在，让我们尽自己的所能，来探讨一下神圣实体的本质是什么，以便我们能够知道它拥有何种知识。既然有理性的人都认为神是永恒的，那就让我们来考虑一下，什么是永恒；因为，这将使我们认清神圣的本质和神圣的知识。永恒就是对无限生命的全部、同时和完满的拥有；它与暂时的东西形成了鲜明的对比。因为凡是暂时的东西，都处在当前、告别过去而走向未来；凡是在时间中建构起来的东西，一律不能拥有整个的生命：明天，它还未曾抓住，而昨天，它却已经丧失。在日复一日的生命中，你无非是生活在流动、飞逝的瞬间里面。任何一个在时间上持久的东西，即使它无始无终（按照亚里士多德的世界观），即使它的生命可以随时间一道无限延续，它也不见得就是永恒的。因为，它并未同时包罗或拥有整个的生命，虽然它也是无限的，但它还未拥有未来，而且不再拥有过去。因此，无论什么东西，只要它即刻包罗和拥有了完满的无限生命，既不缺乏未来的东西，也未丧失过去的东西，那就可以顺理成章地认为它是永恒的，而且，这个东西必然总是处于当前，当下拥有自身，同时它又总是能够把无限流动的时间收摄在当前。”

“因此，有些人听说柏拉图主张这个世界在时间上既没有起点也没有终点，就以为受造世界与其造物主同享永恒，他们这样想是不对的。因为，寿命的无限延长是一码事（这是柏拉图赋予这个世界的属性）；即刻拥有无限生命的全部在场则是另一码事（这显然是神圣心灵的特性）。神之所以比受造物显得更为古老，并非因为时间上的差距，而是因为神本性的纯粹。暂时事物的无限运动正是模仿了这个不动生命的当下本质，由于它不能完全重现当下本质并与之等同，所以它从不动蜕变为动，从当下本质的纯粹退化为将来和过去的无限数量，并且，因为它不能即刻拥有全部完满的生命，所以，在这方面它总是生存不息，它似乎在某种程度上模仿了它难以全面表现的东西，它通过将自己与转瞬即逝的当下相维系（这一当下与永恒的当下有几分相似），把应有的模样赋予它所碰到的一切事物。既然它难以成为永恒，于是它就紧扣时间没完没了地走下去，这样，它虽然不能成为永恒从而拥有完满的生命，但也能够随着生命的维持而得以延续下去。因此，我们若要给事物起一个恰如其分的名字，那就请遵照柏拉图的意思说：神乃是永恒的，而世界只是持久的。”

“既然每一个判断都是依其自身本质来把握对象的，而神又拥有永恒、当下的本性，因而，他的知识也就超越了时间的推移，永远处在当下的纯粹之中，并且又拥有未来和过去无限范围内的一切，把这一切纳入他纯粹的认知行为中进行思考，仿佛它们正在眼前发生一样。故而，你要是想一想他用以洞悉万物的预知，你就会认定，其预知并非有关未来的知识，而是有关永在当下的知识。所以，它应该叫作‘神佑’（providentia）而不是‘先见’（praevidentia），因为它绝非站在事物的至低之处，而是像站在世界之巅一样，展望着万事万物。既然人不会要求所见的事情都是必然的，那为何你却要求神的目光扫视之下的事物都是必然的呢？最起码，你总不至于看一眼，就把某种必然性赋予你眼前的事物吧？”

“这我办不到。”

“如果神的当下与人的当下可以相比的话，那便可以说：正如你在暂时的当下里面看到了某些东西，他也在永恒的当下里面洞悉了万事万物。因此，神的预知并不改变万物的固有本性，他只是看着眼前的事物，包括事物未来的模样也尽收眼底。他在辨别事物方面也毫不含糊，他只是用眼一瞥，便区分了必然发生的事情与未必发生的事情；正如你同时看到有人在散步及太阳在空中冉冉升起，你虽然同时看到了这两者，但你依然区分了它们，并断定前者为自发，后者为必然。所以，神的洞悉之眼只是观照眼前事物的性质而从不干涉它们（这些事物就时间序列而言应属于将来）。这也就是说，神知道有些事情将要发生，同时也注意到有些事情根本没有发生的必然性，因而神所具有的并非是意见，而是真知灼见。”

“如果在这一点上，你非得要说，神预见发生的事情不可能不发生，而不可能不发生的事情又出自必然性；你非要用这样一个‘必然性’的词汇来套住我的话，我得承认，这确实是很有道理，也恐怕只有神学家才提得出这一点。但我又不得不回答说：同一个未来事件，当它与神的知识关联时，就是必然的；而当它按自身本质被思考时，又似乎是绝对自由的。因为，其实有两种必然：一种是纯粹的必然性，例如，人必有一死；另一种是有条件的必然性，比如：你确知某人在走动，那他必定在走动。人所了解的事物，不可能有别于它被了解的那个样子，但是这种有条件的必然性压根儿就不具备纯粹的必然性。因为这种必然性并不源于事物的固有本性，而是来自外加的条件；虽说某人在走动的时候，他必然是在走动，但他是自愿走动，而不是由任何必然性在迫使他走动。同样，如果神佑将某事视为当下之事，那它就必然如此（即使它本身并不拥有必然性）。神把自由意志所引发的未来事件都看作是当下的；因而它们与神的洞悉相关联，并以神的知识为条件而成为必然之事，只是它们自己觉得并未丧失天然的绝对自由而已。所以，神所预知要发生的事情必将发生，但同时它们也确实出于自由意志；虽然它们确实要发生，但它们发生时并未丧失固有的本性，而依据这个本性，它们在发生之前，依然有不发生的可能性。既然它各方面之所以具备必然性，是因为有神的知识这个条件，那它本身不具备必然性又有什么关系呢？我刚才举的两个例子（升起的太阳和走动的人），就很能说明问题：当这些事情发生时，它们不可能不发生；其中前者在发生前就已经注定要发生，而后者却并未注定。可见，神当下拥有的事物必将发生，只是其中有些东西是事物必然性的结果，有些东西是行事者努力的结果。因此，我们有理由说：这些事物，当它们与神的知识相关时，便是必然的，当它们只是从自身角度予以考虑时，它们便不受必然性的束缚；正如可感的事物，你若以理性对待之，那它们便是普遍的；你若从它们自身角度去看，那它们便是个别的。”

“可你也许会说，改变心意是我力所能及的事，我有可能使神佑失效，因为我有可能改变神佑所预知的事情。我得承认，你确实可以改变你的意图，但是，你有能力这么做、你会不会这么做，以及你会往哪方面转变，等等，都历历收入了神佑真理的眼底，因此，即便你出于自身的自由意志，而改变了行动的路线，你也逃不出神的预料，就像你逃不出目击者的视线一样。那你还有什么话说？难道说，我的调整改变了神的知识，我一会儿想做这事，一会儿又想做那事，那神岂不是也要将这种知识转变为那种知识？根本不会。因为，神的洞悉赶在了未来事件的前头，将其扭转过来，使之回到神知的眼前；他不是像你设想的那样，一会儿这样预知，一会儿那样预知，而仅凭他的一瞥，就将你的种种改变尽收眼底。而神之所以能够即刻将一切尽收眼底，并非拜未来事件所赐，而是源于他自身的单纯性。这样，你先前的问题也便有了答案：我们没有理由说，我们的未来行动为神的知识提供了原因。因为，正如我们所说，神在一个当下的认知行为中，使他的知识在本质上包含了万事万物，并为之建立了标准，而不必拜未来事件所赐。既然如此，一方面人类意志的自由依然不可侵犯，另一方面，对摆脱了必然性之后的意志进行赏罚的律法也未尝失去公正。仍然有一个居高临下、预知万物的观察者——神；他的当下永恒的视野与人之行为的未来特质协调作用，从而使好人得赏、坏人受罚。我们对于神的期盼，我们的祈祷，都未尝落空；只要我们的祈求合情合理，就不会没有效果。弃恶扬善吧，一心向往正道吧，恭恭敬敬地向上天祈祷吧！伟大的必然性已经被郑重其事地赋予你；在洞悉万物的法官面前行事，你若不想自欺欺人的话，那就行善吧！”

译名对照表

A

Aemilius Paulus，爱米留·保罗

Aeolus，伊俄勒斯

Aeternitas/eternity，永恒

Agamemnon，阿伽门农

Age，the former，往昔岁月

Agrippina，阿格莉皮娜

Albinus，亚尔比努

Alcibiades，艾西比亚德斯

All seek the good，人人都追求善

Ammonius，阿蒙纽斯

Anaxagoras，阿那克萨哥拉

Anaxarchus，阿那克萨库斯

Angels，天使

Anicius，son of Boethius，波爱修之子安倪修

Antaeus，安泰

Antoninus Carecalla，安东尼努斯

Appearance of，外貌 Arcturus，大角星

Aristotle，亚里士多德

B

Bacchus（Bacchica），酒神

Basil，informer，告发者巴西流

Being，存在

Boethius，波爱修

Boötes，牧夫座

Britannicus，布瑞坦尼库斯

Brutus，布鲁图斯

Burrus，布鲁斯

Busiris，布西里斯

C

Cacus，凯库

Caligula，卡里古拉

Calliopê，卡莉俄蓓

Canius，凯纽斯

Cannot do evil，不可能作恶

Carthage，迦太基

Cassiodorus，卡西奥多鲁斯

Cato，the elder，老卡图

Cato，the younger，小卡图

Catullus，卡图勒斯

Caucasus，高加索

Cerberus，塞博鲁

Ceres，谷神

Character，性格

Cicero，西塞罗

Coemptio，强行收购

Conigastus，考尼伽斯图

Consulate，执政官

Crab Cancer，巨蟹座

Creator，造物主

Croesus，克吕萨斯

Cyclops，独眼巨人

Cyprian informer，告发者居普良

Cyrus，居鲁士

D

Decoratus，德可拉图斯

Democritus，德谟克利特

Demons，群魔

Dionysius I，狄奥尼索斯一世

Divine nature，上帝之本质

E

Elements，要素

Epicureans，伊壁鸠鲁学派

Epicurus，伊壁鸠鲁

Epinomis，《伊庇诺米》

Eternal，永恒的

Etna，埃特纳（火山）

Eudoxus，欧多克索斯

Euphrates，幼发拉底河

Euripides，欧里彼得斯

Euripus，急流海峡

Eurydice，欧律狄刻

Evander，伊凡得

Evil is nothing，恶是虚无

F

Fabricius，法布里修

Fame，名声

father - in - law of Boethius，波爱修岳父

Fire，火

Fortune，命运

Free - will，自由意志

Function，功能

G

Gaius Caligula，卡里古拉
Gaudentius，高登图斯
Geometricians，几何学家
Giants，巨人
Glory，荣誉/荣耀
God，上帝（神）
Goodness is happiness is God，善乃是幸福，乃是上帝
Good the prime，首要的善
Gorgias，《高尔吉亚》
Grace，恩典/神恩

H

Happiness is God，幸福就是上帝
Happiness，幸福
Hercules，赫克利斯
Hermus，赫木斯河
Herodotus，希罗多德
Hesperus（planet）昏星
His knowledge，其知识
His providence，其神佑
His wife，其妻子
Homer，荷马

I

Incomprehensible，莫测高深的
Indian，印度的
Indus，印度河
Is accusation，其罪状
Is good，是善
Ixion，伊克西翁

J

Judge，审判者

L

Lethargy，无精打采
Lucan，陆坎
Lucifer（planet）晨星
Lydians，吕底亚人
Lynceus，林柯斯

M

Macrobius，马克洛布
Mathematics，数学
Matter，物质
Meno，《美诺》
Mover，推动者
Muses，缪斯
Music，音乐

N

Neoplatonism，新柏拉图主义
Nero，尼禄
Nicocreon，尼科克里昂
Nonius，诺尼乌斯

O

Octavia，奥克塔维亚
Of the Senate，元老院的 ~ his accusers 其指控者
One Father，唯一的父
Opilio，奥比利奥
Orpheus，俄耳甫斯

P

Physics，《物理学》
Papinianus，帕皮尼安
Parmenides，巴门尼德
Parthians，帕提亚
Perses Perseus，帕耳塞斯
Phaedo，《斐多》
Philosophy personified，人格化的哲学
Phoebe（moon），月亮
Phoebus（sun），太阳
Phrygia，佛利吉亚
Physics，《物理学》
Plants，植物
Plato，柏拉图
Polyphemus，独眼巨人
Pompey，庞培
Poppaea，波皮娅
Porch，柱廊
Porismata，系定理
Power，力量
Praetorship，民选官
Prayer to Him not in vain，并非无谓地向他祈求
Prevision，预见
Principles，的原则
Proclus，普罗克勒斯
Providential / Providence，神佑
Ptolemy Claudius，托勒密
Purgation，涤罪
Pythagorean，毕达哥拉斯的

R

Ravenna，拉文纳
Reason，理性
Red Sea，红海
Regulus，雷古勒斯
reminiscence，回忆
Republic，《国家》

Republic，罗马共和国
Rhetoric，修辞
Roman liberty，罗马人的自由
Ruler，统治者
Rusticiana，鲁丝蒂齐亚娜

S

Saturn，土星
sees all things，洞悉一切
Senate，元老院
Seneca，塞涅卡
Sentence，判决
Sirius，天狼星
Socrates，苏格拉底
Son - in - law of Symmachus，西马古斯的女婿
son of Boethius，波爱修之子
Soul，灵魂
Stoics，斯多亚学派
Stymphalian birds，斯蒂姆法鲁的鸟儿
Substance，divine，神性实体
Symmachus Q. Aurel. 西马古斯

T

Taenarus，冥河
Tagus，塔霍河
Tantalus，坦达勒斯
Tartarus，塔尔塔罗斯
Theaetetus，《泰阿泰德》
Theodoric，狄奥多里克
Thrace，色雷斯
Thule，图勒
Tigris，底格里斯河
Timaeus，《蒂迈欧》
Tiresias，蒂利希阿斯
Tityus，提提乌斯
Trigguilla，崔贵腊
True Sun，真正的太阳
Tyrian，泰尔的
Tyrrhenian，特尔瑞尼（海）

U

Ulysses，尤利西斯
Odysseus，奥德修斯

V

Venus，金星
Hesperus，昏星
Lucifer，晨星
Verona，维罗纳
Vesuvius，维苏威火山
Virtus，美德

W

Wills only good，所愿惟善

Will，意志

Z

Zeno，芝诺

后　记

《哲学规劝录》与《哲学的慰藉》合在一起出版，作为“两希文明哲学经典译丛”之一种，应编者所邀，作此后记。

原著者扬布里柯和波爱修两人相隔二百余年，其人生际遇、思想旨趣以及对后世的影响颇为不同；尽管如此，两人还是共享着新柏拉图主义的思想资源，都把哲学当作人生之根本指南。《哲学规劝录》原书以希腊语写成，作者旁征博引，或喻或证，旨在规劝人们过上一种哲学式的生活，即理性而有美德的生活。《哲学的慰藉》原书以拉丁文写成，作者现身说法，诗文并茂，旨在探索人生的本性、价值和目标，劝诫人们弃恶扬善，既发挥人的自由意志，又契合上帝的预知。两书风格固有所不同，但是正好给读者提供了参较阅读的机会。两书立意之深浅、论证之严疏，当由原著者负责；然则其文句是否通达、修辞是否雅致，译者实担有相当责任。

值此机会，译者要感谢丛书主编章雪富博士的支持。中国社会科学出版社的陈彪博士为本书的出版做了大量细致的工作，特此致谢。

译　者

2008 年 8 月